名师名校名校长

凝聚名师共识
国家名师关怀
打造名师品牌
培育名师群体

顾明远题

名师名校名校长书系

中学生生活素养活动设计

主　编◎刘　伟
副主编◎张　胜　施昌赛

东北师范大学出版社
长　春

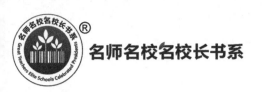

图书在版编目（CIP）数据

中学生生活素养活动设计 / 刘伟主编. — 长春：东北师范大学出版社，2019.2
ISBN 978-7-5681-5532-8

Ⅰ. ①中… Ⅱ. ①刘… Ⅲ. ①中学生－学生生活 Ⅳ. ①G635.5

中国版本图书馆CIP数据核字（2019）第040586号

□策划创意：刘 鹏
□责任编辑：张 露 沈 佳 □封面设计：姜 龙
□责任校对：刘彦妮 张小娅 □责任印制：张允豪

东北师范大学出版社出版发行
长春净月经济开发区金宝街 118 号（邮政编码：130117）
电话：0431-84568033
网址：http：//www.nenup.com
北京言之凿文化发展有限公司设计部制版
廊坊市金朗印刷有限公司印装
廊坊市广阳区廊万路 18 号（邮编：065000）
2022年6月第1版 2022年6月第1次印刷
幅面尺寸：170mm×240mm 印张：8.5 字数：153千

定价：45.00元

前言 FOREWORD

2014年7月4日，深圳市教育局在国内率先出台了《关于进一步提升中小学生综合素养的指导意见》（以下简称《指导意见》）。《指导意见》提出了关于学生发展品德、身心、学习、创新、国际、审美、信息以及生活等方面的素养，同时，提出了关于构建新型课程体系的指导要求，旨在培养学生成为爱祖国、爱劳动、爱学习，身心健康、人格健全、社会责任感强，具备国际视野、较强的创新精神和实践能力的特区新一代青少年。

2016年9月13日上午，教育部在北京师范大学颁布了“中国学生发展核心素养研究成果”，提出了“人文底蕴、科学精神、学会学习、健康生活、责任担当、实践创新”六大素养，细化为18个基本要点，其中关键词“生活素养”赫然在列，并多次提及。

党的十八大提出了社会主义核心价值观，在党的十九大报告中习近平总书记指出：“培育和践行社会主义核心价值观。”其中，“爱国、敬业、诚信、友善”等核心素养蕴含在日常生活之中，并在日常生活之中得到提升与升华。

综上所述，中小学开展学生生活素养提升活动、开发生活素养好课程具有鲜明的时代意义，符合学生成长的需要和社会发展的需要。

学校是舞台，生活是土壤；教师是主导，学生是主体。学校在开展生活素养好课程活动方面接地气，可操作，有实效。我们选择“生活素养活动设计”作为切入点是在开展了多方面的研究与论证之后才决定的。生活是现实的，学生只有在实际生活中亲力亲为、亲自参与各项活动，才能提高学生各项生活所需要的基本知识和基本能力。所以，《中学生生活素养活动设计》这本书的设计理念就是遵循情境教学法的理念，以任务教学法为主导，创设情境，开展活动，学生动手，实际参与，循序渐进地提升生活素养。我们结合学校的实际情况和学生生活中经常遇到的实际问题，创设并真实地开展大量的生活实践活动，包括家务劳动、烹饪技巧、集体生活与生活技能等；课程从活动的构思、准备、过程、评价和反馈等方面充分地考虑了活动的趣味性和生活的指导性，既发挥了学生的主观能动性，又体现了学生的主体地位，寓教于乐，启而有发。而学生在繁忙的学习之余能有机会参与这样的活动，对于学生来说，也是一种思维的转换和身体的锻炼。学生的参与热情空前高涨，积极投入并认真完成活动任务，既学到了生活技能，又促进了生活素养的提升，同时有效地促进了我们活动的科学设计与深入开展，从而教学相长，双向受益。

谨以此书抛砖引玉，希望能促进中学生生活素养的提升，使学生受益成长。同时，恳请广大师生提出批评和指正。

编 者

2018年4月16日

目录

CONTENTS

1

第一章

生活厨艺

第一节　家常炒菜

活动背景

俗话说“民以食为天”，可是现在的中学生能做出一顿饭的菜吗？厨艺是一个人安身立命的一项基础技能，而现在的孩子大多数是独生子女，家庭条件优越，他们是父母的掌上明珠，在家中享受着爸爸、妈妈、爷爷、奶奶的照顾，有的甚至还有保姆专门服务，过着衣来伸手、饭来张口的生活。他们常以自我为中心，不懂得关心他人，照顾他人，家务活更是不会做。家长都很重视孩子的学习，但往往忽视了对孩子家务劳动能力、生活厨艺方面的培养以及生活素养的提升。没有参与就没有体验，没有体验就没有感悟，更谈不上提升。

活动目的

培养学生的厨艺技能，掌握基本的生存手段，提高他们的生活素养，使他们懂得并理解父母的辛劳与不易，培养学生热爱劳动的情怀。

活动思路

组建学生厨艺技能兴趣小组，邀请校内饭堂厨师长对学生进行理论和实践操作两个方面的培训。通过厨师长边讲解、示范，边启迪，引导学生实际操作。我们组织学生分组学习，进行实战对抗，使整个活动充满生活趣味，让学生在快乐中学习生活厨艺，培养动手能力，提升生活素养。

前期准备

1. 宣传动员，成立学生厨艺兴趣小组。

2. 确定时间，安排并邀请食堂厨师长胡师傅现场培训指导。

3. 选好活动地点，在学校食堂隔离出专用活动区域，确保水电使用畅通。

4. 提前采购活动所需的食材、配料，准备好厨具。

活动过程

环节一：请生活素养课题组组长刘伟老师做开篇讲话，说明学校开展本次活动的目的和意义，号召学生大胆参与，积极尝试，认真实践，训练学生学会炒家常菜，提高其个人生活素养。

环节二：实践操作——尖椒炒牛肉。

1. 材料：红绿尖椒若干，牛肉200克，姜丝、盐、酱油、胡椒粉、生粉、料酒、鸡精少许。

2. 做法

（1）牛肉切片，放入适量的盐、酱油、胡椒粉、生粉、料酒、姜丝少许，拌匀后再加点儿花生油搅拌一下，腌制15分钟。

（2）尖椒去除蒂和籽，如果喜欢吃辣的，可以把籽留下，一起切成小块。

（3）等锅烧热后放油，放入姜丝爆香后，再把牛肉放入锅里，迅速炒散，然后倒点儿料酒，翻炒几下，再溜点儿水。当牛肉炒至七成熟时，盛盘备用。

（4）另起锅放油烧热后，把尖椒倒进锅里爆炒几下，然后把炒过的牛肉也放入锅里一起炒。如果太干的话，可以适当放点水。牛肉炒熟后，加入盐和少许鸡精，就可盛入盘中了。

环节三：各小组学生进行实操。

活动剪影

厨师长给学生分派食材

胡大厨讲解切牛肉

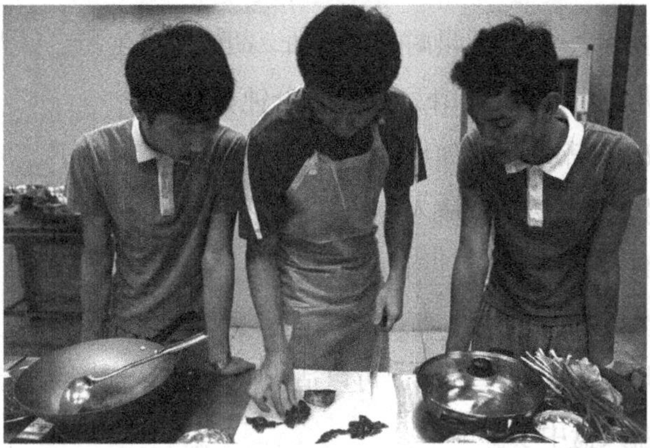

第一组男生切牛肉

女生实操切牛肉

活动剪影

课题组老师为学生示范切牛肉

牛肉下锅了

炒得好给力

大厨的爆炒尖椒

菜出锅了

品尝美味的菜

活动圆满结束

学有所获

一、实践操作题

要求学生根据活动中所学内容，尝试在家里做一道尖椒炒牛肉。

二、不定项选择题

1. 尖椒富含______等营养成分。

A. 维生素C　　B. 叶酸　　C. 镁　　D. 钾

2. 牛肉有哪些做法？______

A. 炒　　B. 蒸　　C. 煮　　D. 生吃

三、判断题

1. 在做尖椒炒牛肉这道菜时，尖椒和牛肉要同时下锅。（　　）

2. 在烹饪食物的过程中，最好少放佐料。（　　）

3. 炒得时间越久牛肉就越嫩。（　　）

活动效果反馈

例文一：学生生活素养厨艺技能实操体验课有感

高二（7）班　李凯欣

当一盘盘香喷喷的美食出现在你的面前，你是否会为它着迷？我想，答案是肯定的。那么，你希望这些美味的佳肴是出自你的手吗？我想，如果将来某一天你自己可以将这些美食做出来，那么你一定会很有成就感。

我本身是不会做饭的，所以我并不清楚原来妈妈每天做出来的好吃的饭菜，其过程是十分“精致”的。下厨做菜，要用什么火候，要放什么调料，什么时候放调料，需要放多少，什么时候出锅……这些都是有讲究的。而其中只要有一个步骤没有控制好，很可能就会影响这道菜的味道。

所以，我要感谢学校举办的这一次活动，它让我体会了母亲每天做饭的不易。

我们在老师的带领下，在学校食堂参加了一次体验做菜的活动。我们很荣幸地邀请了学校食堂的厨师长来教我们做菜。或许是因为不熟练，我们弄得手忙脚乱的。所以，我很感谢老师们能在现场活动中辛苦地跑来跑去指导我们，及时解决我们在做菜时出现的一些问题。虽然过程中出现了许多的小问题，但当最后成功地做出两菜一汤的时候，我们都是开心的、欣慰的。即使做出来的菜的味道可能不是特别好，但是，因为是我们自己做出来的，我们也感觉很满足。不管是把烹饪好的食物给他人品尝，还是别人对你烹饪出来的食物表示肯定，我想，这对于我个人来说都是幸福的。

通过这次活动，我对烹饪有了更深地了解。而这一次的活动也让我坚定了学习做饭的想法。同时，我希望有一天能让一直无怨无悔给我做美味佳肴的妈妈也能尝一尝我做出来的美食。对于这次活动，我的感受是：学习的过程是可贵的，学到的内容是精彩的。最后，真诚地感谢老师能给予我参加此次活动的宝贵的机会。

例文二：生活素养厨艺技能实操体验课有感

高二（7）班　傅思琪

你会做饭吗？对于这个问题，大多数“90后”学生的答案或许是否定的，他们甚至认为不需要这个“技能”。但是，对于厨艺这个问题，我想，身为新时代的我们还是需要学会这个小本领的，不说要有多高超的厨艺，会炒几个菜也总是好的吧。这不，上周三，“我们宿舍是我家”的编委们和生活素养的成员就在学校领导以及我校食堂大厨的指导下，学习了厨艺。

刚一放学我们就来到指定的地点，场面极为规整。中间有一架摄像机环拍，还有我们的摄影师和老师用相机为我们记录细节，各组分配材料均匀，锅、碗、瓢、盆等厨具齐全，只待我们实操。

西红柿炒蛋、尖椒炒牛肉、三鲜汤这几道菜的学习制作都让我们在这两个小时里很惊喜，让我们体会到平时父母的不易。就像爆炒牛肉里的辣椒时，刚下锅我们一个个就被呛得想要逃离现场，最后还要老师救场。

看过这样一句话：翻炒是情感的升温。我想，即使今天的我们还有很多不足，如肉片切成了肉块，黄瓜片也切得像黄瓜块，炒出的菜或太咸，或太淡，或太辣，甚至还没炒熟的菜也被我们稀里糊涂装盘，以及活动过程中发生的小危险，等等，但是我还是觉得那两个小时让互不相识的小组成员在情感上得以升温。民以食为天，很多文化也是饮食文化的升华，所以，厨艺是我们需要提升的一个方面。

很多同学听说我们上周三的活动经历，都有一份期待和信心，想要亲自一试。

例文三：生活素养厨艺技能实操体验课

高二（1）班　朱宇恒

每个人都需要通过一定的实践活动来锻炼自己，从中感悟人生，提高自己在实践中的动手能力和合作精神。这是一次体现团队精神的活动，而现在的社会强调团结合作。在日常生活中，团队精神显得越来越重要，如果配合得好，我们的办事效率就会大大提高。当然这不仅表现在行动上，而且表现在观念上。由这次活动，让我深刻认识到人们做事需要团结互助，齐心协力。例如，洗菜、切菜、炒菜、装盘，活动过程中的每一个步骤都要秩序井然地完成。这是一次认识活动。在日常生活中，我们忙于学习，很少有时间认识身边常见的菜品，还有一些不易辨认的调料。比如在这次活动中，我就分不清味精和鸡精，后来才知道其实味精是小片状的，跟白砂糖很像，而鸡精是黄色粉末。这次的活动还让我知道各种菜的做法表面上看起来很简单，实际操作却很复杂，这是一次感悟的活动。从这次活动中，我认识到自己的不足，但是我始终相信“年轻没有极限”，因此我会继续锻炼自己。

中华美食文化通过几千年的积淀，经过无数人的实践，成就了今天国人引以为傲的菜式。然而这些承载了中华文化的菜式却被我们这一代人忽视了。中华美食文化博大精深，作为新一代的年轻人，我们却因为各种原因忽视了这一传统文化。而生活素养的烹饪实践课给我们提供了这样一个机会：让我们亲自感受、学习中华美食文化。同时，通过活动更是锻炼了我们的团队协作能力，毕竟我们大多数人都是独生子女，已经习惯很多事情都自己完成，但是，并不是所有事情都能独自完成，所以学会团队合作十分重要。对于我个人而言，可能是因为过于习惯一个人，或是过于强势，难以接受和过多的人一起完成一道菜。而且，烹饪最难得的不是做得和菜谱一模一样，而是要把自己想要做的口味融入其中，做出自己爱吃的菜。同时，由于不同文化环境的影响，南北饮食文化的差异确实十分显著，这一点在活动过程中想必许多同学都深刻地感受到了。

通过这次活动，我不仅学到了很多东西，也有很多思考。因为距离厨师长太远，所以站在我旁边的一位热心的老爷爷成了我的私人老师。这位老爷爷一个劲儿地教导我要怎么做，以至于我的动作跟着他口述的节奏。例如，我做那道炒牛肉的时候，他就不停地说："快翻，快翻，翻到底，翻到底……啊！"这样不停地用锅勺去翻炒真得很累。这道菜绝对是爆炒，因为我的眼镜上不但起了一层雾，还有星星点点的油渍。炒完这道菜跟上完体育课一样累。我突然想起琳琳说的那句话："每个会做菜的人都有一双麒麟臂。"多亏了这位热心的老爷爷，至少有两个菜获得了老师的认可。我还因此拥有了小粉丝，对此我还是有点小开心的。虽然老师觉得这道菜做得还不错，但是我不喜欢，完全不符合我的口味，这道菜我只浅尝一口，就不想去吃第二口，不是咸淡的问题，而是我的舌头响起了警报——鸡精！每道菜都要放点鸡精、味精，真正好吃的菜是不用放这种东西的。可喜的是，老师们倒是挺喜欢这道番茄炒蛋。厨师长最后做的那道汤很好，很够味。

通过参加这次活动，我收获了很多，非常感谢学校能给予我们这样的机会，让我学到了课堂上学不到的生活技能，受益匪浅。在厨师长的悉心教导下，我学习了几种不同的菜的做法。相比以往的学习经验，我认为在生活中动手实践的过程更让人难忘。通过实践活动，我们更清楚操作的过程，以及食物的来之不易，这是一种全新的体验。在这个过程中，我们感受到南北方口味上的差异，以及个人口味上的不同，如番茄炒蛋放盐还是放糖、味精用量、放不放葱花等。我深刻地感受到生活环境、文化环境及年龄的差异会影响口味的不同。个人认为过多使用味精、鸡精会使食物的味道大打折扣，是对食材的不尊重，还原食材原本的味道才是值得提倡的。每个人的口味是不一样的，每一份劳动成果都是值得珍惜的。作为一个广东人，可能我的口味比较独特吧。尽管结果差强人意，但是我相信通过不断的探索、学习，我的厨艺一定能有所改善。每个人都有自己的经验，来自不同地域的同学、老师各有不同的看法。这次活动每个人都发挥了自己的长处。我在这次的活动过程中感受到了团队合作的重要性。感谢一直配合我的同学。若还有下次机会请没有参加的同学一定要积极参加，希望他们也能感受这种实践活动的魅力，体验不一样的感受，学习不一样的技能。最后，这次活动给我留下了深刻的记忆。

这是我第一次在学校做饭，感觉很好玩，很刺激。因为在之前我只会在家帮妈妈打打下手，偶尔碰到自己喜欢吃的菜才想学一学怎么做，仅此而已。而这次亲自操作，让我学会了很多，包括团队合作。刚开始的时候是切牛肉，有经验的人都知道切牛肉需要逆着纹理切，而不能顺着纹理切，这样切的好处就是牛肉炒出来之后口感会更好。听着挺简单的事情，但是做起来就难了。对我来说找肉的纹理就是一道过不去的坎，千辛万苦找到之后却不知道该如何下手，需要身边的组员指出或者厨师长摆好让我切……因为刀法还没那么好，所以切肉切得很慢，身边的人都很担心我，“小心点”“别切着手”……这些话总在我耳边萦绕。还好厨师长三下五除二地把他那份牛肉切完后，就默默地伸手把我剩余的牛肉拿过去切好了，并帮我放进盘子里。那时我真心觉得他们都太好了。后来我们做了香菇滑鸡、番茄炒蛋、尖椒炒牛肉以及三鲜汤。我觉得我们组做得特别好吃，因为这是我们自己做的。虽然最后比赛我们的名次靠后，但是没关系，过程才是最重要的。那时候每个人都尽自己所能地去努力完成每一道菜，每做完一道菜，都会让大家一起尝尝，然后大家都会说好吃。这个过程特别美好，你能学到很多，不仅仅是厨艺方面，还收获了纯真的友谊、合作的精神等。所以，如果还有下一次，我依然会参加。

活动反思和总结

本次活动得到了学生的积极参与和热烈欢迎，学生的兴趣非常浓。在实际的厨艺操作中，学生发现了自身的不足，体验了生活的乐趣，更体会了父母供养自己一日三餐的不容易，达到了活动的目的。

第二节 点心制作——曲奇饼

活动背景

吃橘子要父母帮着剥皮，打扫卫生要父母帮忙，甚至读高中了还有父母给孩子喂汤喝的，这种家长过于溺爱孩子、学生过于依赖家长的现象正像一种流行病一样在很多家庭中蔓延。孩子是每个家庭的核心，是家长的掌中之宝并没有什么过错，但家长对孩子的过度溺爱，使其成了温室里的花朵，经不起风吹雨打。在家长无微不至地“保护”下，孩子的生活自理能力越来越差，学习和行为习惯的形成受到了阻碍，也造成孩子缺乏自信心。个人要想在社会中生存，自理能力尤为重要，它贯穿于人的一生，是人生活的基本技能。长此以往，这些孩子长大以后连照顾自己都将成问题，又岂能指望他们去照顾别人，更谈不上为祖国、为社会做更大的贡献。针对这种现状，我们认为培养学生生活自理能力，提高学生生活素养迫在眉睫。学校将加强对学生生活自理能力的培养，教育学生学会照顾他人，开展一系列的活动，以提升学生生活素养。

活动目的

提升学生生活素养，使学生从厨艺活动中体验父母的辛苦，学会制作点心，关心父母，培养学生的毅力和耐心，让学生体验生活厨艺乐趣，能用自己的劳动体现个人价值。

活动思路

本次活动主题以“学会为父母做点心”为设计理念，学生通过自己动手，自主实践，观摩学习，制作出曲奇饼，提升生活素养，学会体贴、关心父母，提升生活品质。

前期准备

1. 动员学生查阅资料，明确制作何种点心，熟悉工序。

2. 准备好做点心的食材，提前购买好制作曲奇饼的材料与工具。

3. 在活动中贯穿设计活动的目的——心怀感恩父母之情。

4. 活动奖品制作与准备。

活动过程

环节一：生活素养主持活动，开篇讲话，鼓励动员。

环节二：学会为父母做点心——曲奇饼制作。

1. 材料：黄油140克，糖粉80克，鸡蛋2个，低筋面粉2000克，奶粉30克。

2. 做法

（1）把黄油放在室内自然软化或加热软化。

（2）用打蛋器将黄油搅拌均匀，加入生鸡蛋并搅拌均匀。

（3）把低筋面粉过筛，放入搅拌好的黄油里，再把奶粉加进去，搅拌均匀。

（4）把剩下的面粉放进去，搅拌均匀。

（5）用刮刀搅拌至糊状。

（6）放在裱画塑型的袋子里，挤成曲奇的形状。

（7）把挤好后的饼胚放在烤箱的托盘里。

（8）把托盘放进烤箱里，温度调到170摄氏度，烤20分钟才可以完成。

环节三：制作完成后，学生先试吃，然后打包给父母，老师进行活动点评。

活动剪影

搅拌面粉的过程（一）

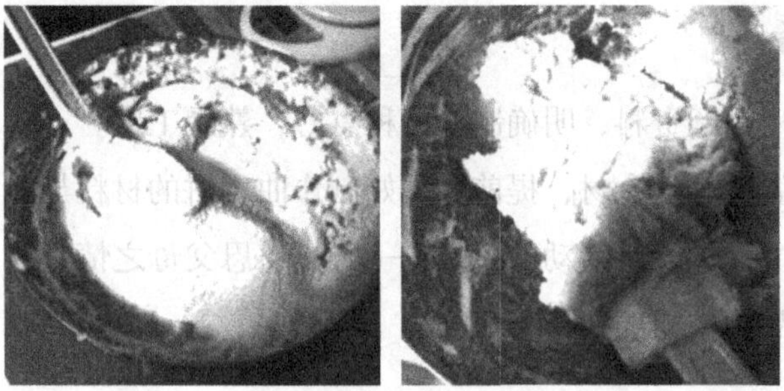

搅拌面粉的过程（二）

曲奇饼制作小组介绍材料

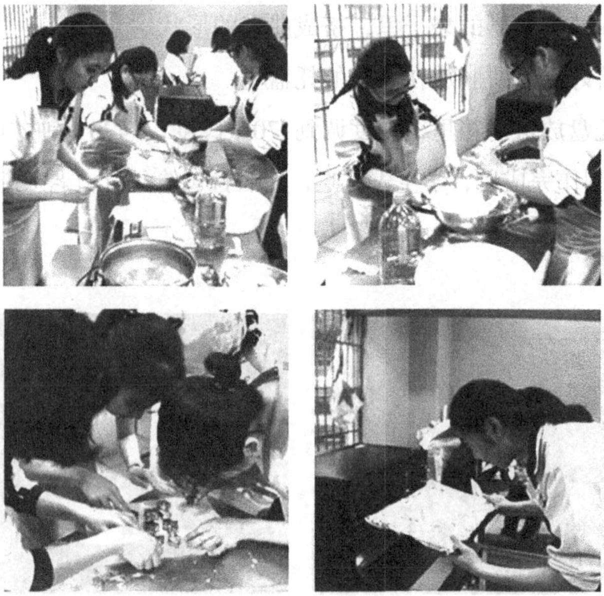

曲奇饼制作的相应环节（一）

曲奇饼制作的相应环节（二）

同学们在品尝他们自己做的曲奇饼

学有所获

不定项选择题

1. 制作曲奇饼，需要________原材料。

A. 黄油　　B. 面粉　　C. 奶粉　　D. 鸡蛋

2. 黄油可以通过________的方式进行软化。

A. 放冰箱　　B. 放热水里　　C. 加热　　D. 自然软化

3. 曲奇饼是在________里面烤制而成的。

A. 微波炉　　B. 电饭锅　　C. 烤箱　　D. 蒸锅

美食好课程——曲奇饼制作的体会

高二（11）班　朱海琳

2017年5月4日，我校组织了美食小组让学生下厨体验做美食，主要有包饺子和制作曲奇饼两大课题。我参加的是曲奇饼的制作。

准备原料：黄油、低筋面粉、芝士和糖粉。先将黄油加热熔化，倒入盆中搅拌均匀，加入半碗芝士搅拌均匀，加入半碗糖粉搅拌均匀；然后加入面粉，黄油和面粉的比例为1:2，搅拌至稠状就可以放到切盘上盖上自己喜欢的模具，或使用裱花棒挤出自己喜欢的形状；最后将饼干模型移至锡纸盘上，撒上花生碎粒，就可以放入烘焙箱里烘焙20分钟。20分钟后，可口的曲奇饼就制作好了。

每位同学都积极参与，发挥出了他们优秀的才能。有的同学刷碗盆，有的同学负责搅拌和面，最后做出老师和同学都觉得好吃的曲奇饼，这是我们小组全体成员共同努力的结果。

做饺子的小组成员也很努力地参与，擀面，做饺子皮，剁饺子馅，最后包出既好看又好吃的饺子。有玉米胡萝卜馅和韭菜馅的饺子。

在我们动手实践的过程中，老师们也帮了我们很大的忙，指导我们如何擀面，如何切菜。有的老师也会参与制作。在老师的帮助下，我们才能更好、更快地做出这些好吃的。

这次的美食体验，我的收获很大。我明白了如何做出好吃的曲奇饼，也明白了人多力量大的道理。但是这次活动美中不足的是，我们没办法使地面和使用的桌子保持干净，地面上有水容易滑倒，电源供应不够及时，但我们依旧顺利地完成了这次活动。我们不仅将劳动成果分享给一起参与活动的老师和同学，还分享给同班的同学。

这真是一个难忘的下午，这种好课程值得拥有。

活动效果反馈

中学生生活素养好课程活动——曲奇饼制作体验有感

高二（12）班　李俊燕

今天，学校食堂有些特别，因为在我们食堂的一角举行了一次中学生生活素养好课程活动。在场的有学生和老师，共20多个人，分成4个小组，我所在的组负责制作曲奇饼。

在开场的各小组介绍的环节中，每组简单介绍完小组的任务及食材后，我们才正式投入活动。我们曲奇制作小组是孤军奋战，没有经验也没有高手指点，全凭一本教程。虽然我们早已熟悉曲奇教程了，可我们都是没有实操经验的新手，还没学会拿枪就得上战场了。此时，望着桌上一一摆好的材料、工具，我一时间不禁有些手足无措。

看到对面的小组都已经行动起来了，我们知道当下已经容不得我们怠慢了。我调整好心态，也开始付诸行动，我与组员一起商量对策，最后我们在组内又分了两个小组，分别做裱花型和模具型的曲奇。无论哪一种，前面的流程都相同，只是后面曲奇的定型有所区别。

我们正式开始第一步：室温软化黄油。等待的时间，我们先筛出了两小盆面粉，准备好芝士、鸡蛋，又多备了碗、筷子和勺子。完成这些工作，我们再去看黄油：仍是棱角分明，完整的一块，没有明显的软化迹象。我们才意识到，好巧不巧，今天天气转冷，室温达不到要求，这下我们犯难了。眼见其他小组已经开始揉面团了。情急之下我们想到了电磁炉。于是，我们商量着干脆给它来个“水浴加热”。我们把黄油对半分，装进碗里再直接放入装有水的锅里。虽然这有些冒险，而且烧热的水难免有些会溅入碗里，不过还是达到软化的目的了。接着就是搅拌，两个小组一组一个小盆。不过选择搅拌工具时，我们又犯愁了：我们没有打蛋器。这时，食堂公用的勺子派上了用场。可到了后面的加蛋搅拌环节，我们就有些力不从心了。后来不知哪位小伙伴拿来了几把刮刀，我们当下的问题便迎刃而解了。添加面粉的环节也是失误连连。首先，原先的两盆面粉，发现有一盆不翼而飞了，有些让人哭笑不得，不过两盆的面粉量怕是多了。没有称量工具，我们完全是凭感觉，起初加面粉的时候还有些战战兢兢的，后来，干脆随手舀了。

在这个环节里，每一个组员都全心投入了制作，大家的表现也渐入佳境。总体来说，我们还是慢了一些，对面小组已经有饺子出锅了。老师看到我们这组的进度，也有些忧虑。有个小伙伴兴许有些着急，面粉下去时没刹住手，狠狠一拌，带出的面粉粘了一身，显得有些狼狈，不过她的面容却带着难掩的兴奋。这个小插曲让紧张的气氛缓和了一些。我们一路摸索，终于到了最后的关卡——定型。比起前面的小挫折，这个环节才是我们遇到的真正考验。比如，眼前这盘东一坨、西一摊，大小不一、形状怪异的不明物体就是我们裱花组的杰作，相比之下模具组的形象要好上很多。尽管如此，我们并没有灰心，因为我们要求不高：好吃才是王道。

最后品尝每个小组的杰作时，我们内心是有些感慨与满足的。无论是一块块小小的饼干还是一个个美味多汁的饺子，都融入了我们每一个伙伴的心血，也包含着我们在制作过程中的享受与欢乐。

这一天，学校食堂在我心里注定因此不同。

活动反思和总结

整个活动充满了趣味性和操作性，深受学生喜欢，让学生体验了厨艺制作的艰辛，更深层次地去思考生活的意义，使学生明白提高生活品位需要付出。整个活动中不足的是，对活动的准备不充分，整个操作过程还不够完善及熟练，这种活动需要多开展几次并总结经验，学生的生活技能方面才能得到更好的提高。希望以后开展类似的生活好课程活动时要注意。

第三节　传统美食制作——包饺子

活动背景

随着经济的发展，人们对生活质量有了更高的要求，生活厨艺烹饪逐渐成为一种热门的追求。然而，我们学生从小缺乏这方面的实践锻炼，生活能力较差，缺少生活创新能力的培养以及生活素养的提升。

活动目的

通过本次活动训练学生多思考，培养学生的生活创新能力，提升学生的生活素养，使他们发现生活厨艺的小窍门，从而丰富生活，提升生活质量。

活动思路

设定主题目标——包饺子，学生通过动手制作饺子时，发现不同种类的饺子皮做法、饺子馅营养学、煮饺子的窍门等。

前期准备

1. 活动时间安排。
2. 学生活动小组召集。
3. 活动方案制订。
4. 饺子食材购买，器具准备。
5. 活动奖品准备与制作。

活动过程

环节一：饺子皮制作。

1. 材料：面粉、常用水。

2. 做法

（1）和面。水龙头开到一滴一滴状，顺时针搅动，将面粉变成一个面团即可，和得稍微硬一点。

（2）揉面和饧面。揉面是指不停地揉，至少10分钟，让面变得筋道。饧面是指将揉好的面放在盆里，盖上盖子，直到开始擀皮为止。将饧好后的面团放在面板上用力揉10分钟。

（3）要点。在面板上放点面粉，揉起来更有劲。揉成团后，从中间抠一个洞，转着圈揉细，分成适当大小的剂子。将剂子揉到擀面杖的横截面大小即可。揉时面板上洒点面粉，防止粘在面板上。把每一个剂子用手捏圆，用靠近手掌大拇指的那块大肌肉往下一压。左边的已捏圆，右边的已压扁。这样就可以开始擀皮了。

注：拿擀面杖擀面的时候，注意中间厚边缘薄。中间厚防止饺子馅漏，边缘薄吃起来口感好。

环节二：配制饺子馅。

如何配制饺子馅才能既营养又美味？需要遵循以下几个原则：

（1）少放肥肉多放蔬菜。按照膳食酸碱平衡的原则，酸性的肉蛋类和精白面粉，应当与碱性的蔬菜原料搭配，最好一份肉馅搭配三份不挤汁的蔬菜馅，而且馅料所用肉应为九分瘦肉，无须添加动物油或植物油，提高蔬菜用量，以降低饱和脂肪酸和热量的摄入，达到真正的营养平衡。

（2）菌类、藻类做馅较好。肉类馅料尽量多搭配富含膳食纤维和矿物质的蔬菜，同时再添加一些富含可溶性纤维的食物，如香菇、木耳、银耳及各种其他蘑菇、海带、裙带菜等藻类。它们可以改善口感，帮助减少胆固醇和脂肪的吸收量，控制食用肉馅后血脂的上升。竹笋、干菜等也有吸附脂肪的作用。各种豆制品和鱼类也可以做馅，代替一部分肉类，有利于降低脂肪含量。吃饺子时还可搭配各种清爽的凉拌蔬菜。

（3）素馅饺子健康营养。相比之下，以蛋类和蔬菜为主要原料的素馅较为健康，其中的油脂来自植物油，蔬菜的比例也比较大。由于蛋类含磷较多，这类馅料应当配合富含钙、钾和镁的绿叶蔬菜，以及虾皮、海藻等原料，以促进酸碱平衡。而粉丝之类纯淀粉食材的营养价值较低，不应作为馅料的主要原料。

环节三：包饺子。

包饺子窍门：包饺子时，人们为了不让馅里有许多菜汁，常把水分较多的新鲜蔬菜切碎放在锅里用盐去水分或用开水焯一下，然后挤去水分，这样既费事，又损失了许多营养成分。下述方法可以解决这个问题：把洗净晾干的蔬菜切碎，拌入适量食用油，随即把拌好的肉馅倒入，混合均匀即可。用这种材料做的饺子，吃起来鲜嫩、爽口，又有较多的汁水。

环节四：巧煮饺子。

俗话说：“敞锅煮皮，盖锅煮馅”。敞开锅煮，水温接近100℃，由于水的沸腾作用，饺子不停地转动，饺子皮熟后，再盖锅煮，温度上升，饺子馅易煮透。在煮饺子的水里加点儿盐，并在水开锅后放两个葱段，这样煮出来的饺子不容易粘连。

活动剪影

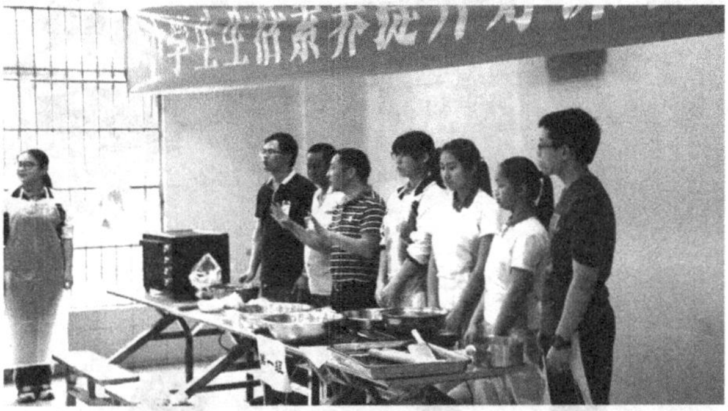

课题组老师讲解包饺子的相关事项

开始揉面

饺子皮制作（一）

饺子皮制作（二）

饺子皮制作（三）

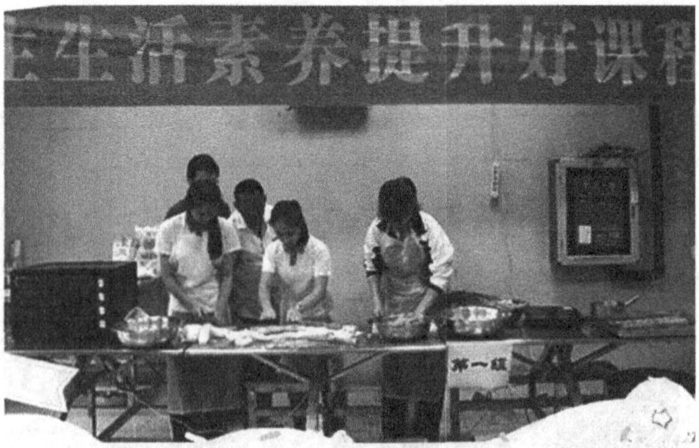

饺子皮制作（四）

包饺子、拌饺子馅分工协作

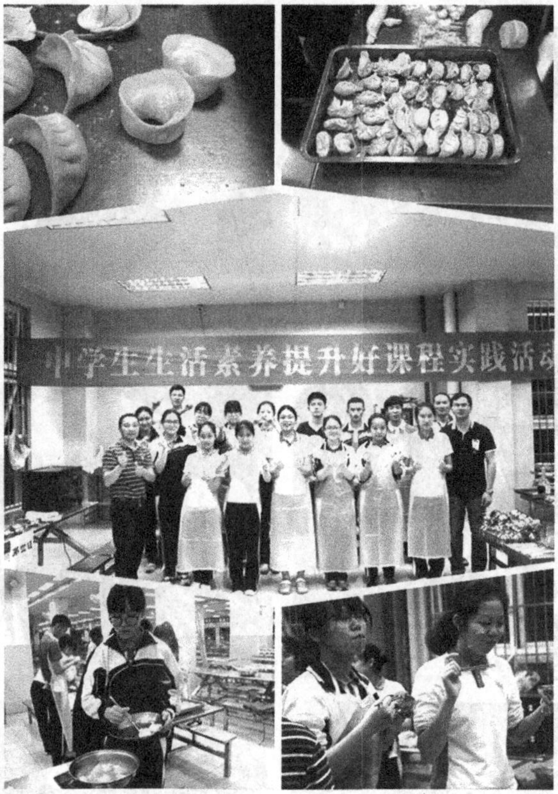

饺子下锅了，吃起来很美味

学有所获

一、不定项选择题

1. 制作饺子的几个重要环节是________。

A. 制作饺子皮　　B. 制作饺子馅　　C. 煮饺子　　D. 吃饺子

2. 饺子皮太干太硬会导致饺子包得不严实，可以________。

A. 把饺子皮放入水中浸泡一会儿

B. 在饺子皮闭口处沾一点水

C. 把饺子皮放入冰箱冷冻一会儿

D. 用力捏住饺子

二、讨论题

煮饺子应该是开锅煮还是盖锅煮？为什么？

活动效果反馈

包饺子

高一（1）班 高 红

这周四，我们举行了生活素养培训活动。我参与的是包饺子活动。

总的来说，还算成功吧。先是揉面，然后是洗菜、做馅、擀皮、包饺子、煮饺子等。我很荣幸能够将所有环节都尝试一遍，但好像都是浅尝辄止。先揉了两秒钟面，然后是长达20分钟的洗菜，其他环节的时间我没有统计，只是专注地学习怎么去做饺子。没有注意到夕阳慢慢落下，晚霞在天际抹过最后一笔，没有注意到白天已渐渐落下了帷幕。

这次活动过程中，给我印象最深的是洗菜。当我看到那一大包韭菜的时候，我有些崩溃，因为我本身不是很喜欢韭菜的味道，但我还是很认真地蹲在那里，仔细地清洗。清洗完之后，就开始擀皮了。我们是第一小组，也是大厨们经常“光顾”的小组。记得刚开始擀皮的时候，两位大厨就依次过来，教我们擀皮。但有趣的是，他们在把我们教会之前，就出现了分歧。一位比较粗犷，一位比较细腻，教我们擀皮的方式也不同。庆幸的是，我在活动结束之前终于学会了擀皮。

切韭菜的时候，我心里还是有底的。毕竟我从7岁就开始会用菜刀。但切面团的时候就不太顺利了，切完之后还得翻一下，但总归还是学会了。

最开心的事应该是煮饺子。虽然功率太大，停了好几次电，但还是顺利地吃到了大家努力了两个小时的成果。沾上一点佐料，吃到的是美味的饺子以及满满的欢乐。

这次活动，我学到了很多：做什么事情都得认真、坚持，从中提升能力，体会成功。

中学生生活素养课程心得

高一（1）班　李子怡

太阳慢慢地从东边升起，阳光普照在三高校园中。每一个三高学子都朝气蓬勃，校园里散发着青春的气息。

这个星期我参加了一个“中学生生活素养好课程”的活动，心有所想，便写了此文来表达我当时的心情——兴奋、激动、思考、感恩。

我怀着期待的心情，走进世贸百货，开始购买明天活动时所需的原材料。我们已做好充足的准备，所以，在面对琳琅满目的蔬菜时，胸有成竹。作为拍摄组成员，我的任务就是拍摄她们购买材料的过程、选菜的过程、打秤的过程，甚至买单的过程。这时我才发现，只有自己亲身体会，才能明白这就是生活。

两个小时后，在我们返程后夜幕渐渐降临。

2017年5月4日　星期四，适逢青年节，我们的活动正式开始。下午太阳暖暖的，照在食堂的一角，那是我们活动开展的地方。饺子组、曲奇饼组都开始了工作，每个人都有自己的任务，看似分工，实则合作。动手又动脑，不仅教会我们新技能，而且让我们更团结，懂得合作的重要性。中途我们偶尔遇到一点点小意外，但这又何尝不是一种惊喜呢？这些小小的意外也给这次活动增添了一些亮丽的闪光点。

2017年5月5日　星期五，做事情要有始有终，剩下最后一项工作——洗碗。太阳高高地照耀着花草，照耀着大地。平日里基本没洗过碗的我本是抗拒的，但我既然参加了这个活动，就必须坚持到最后。

2017年5月6日　星期六，我在写这篇心得，细细地体会这次活动的深刻含义。原来生活没有我们想象得那么简单。我感恩那些曾经帮助过我的人，我感恩这次活动让我体验了一次真正的生活。我抬头一望，阳光照耀在树叶上，闪闪发光。

活动反思和总结

本次好课程实践活动，学生参加了原料的采购、工具购买、饺子各环节制作及品尝亲手制作的饺子。整个活动其乐无穷，让学生体验到了独立自主的生活。在购买原料上，学生因在日常生活中很少参与家庭日常家务活动，所以不能很好地计划购买，生活能力有待提高。对于制作饺子馅、擀饺子皮，大部分的学生都不会，有些甚至没有拿过菜刀，生活能力很差，只能在现场学习。在众多老师的帮助下，才把两个环节顺利地进行了下去。包的饺子也是五花八门。偶尔有一两位学生有过在家包饺子的经验，已经是很难得了，大部分学生缺少生活劳动经验，导致个人生活素养层次低。学生对包饺子的过程，以及对自己所包的饺子要求都大大降低了标准。他们看到自己亲手参与制作出来的成果，虽没有什么品相，但很快乐、很知足。整个活动让我们感到提高学生的生活素养是十分有必要的，而且是迫切需要的，这样有利于学生健康成长，提高其生活素养。

第二章

家务劳动

第一节 拖 地

活动背景

马克思曾说，人和动物的本质区别就是劳动。人类社会之所以能够进化到今天，就是因为人类从未停止过劳动。劳动是人天生就具备的能力和本领。但是当前，中学生普遍存在一个问题，就是没有养成良好的劳动习惯，劳动能力普遍薄弱。城市里的孩子尤其明显，因为劳动的机会没有农村孩子多。城市孩子的父母忙于工作，对孩子劳动能力的培养心有余而力不足。因此，培养孩子的劳动习惯和技能是迫切需要。

活动目的

通过劳动参与，培养学生的劳动意识和习惯，提高学生的劳动技能，使学生体会父母劳动的辛苦。

活动思路

住校学生在学校住宿生活期间，每天都要整理内务，打扫卫生，拖地等。既然学生在学校已经有了拖地等劳动的培养与锻炼，那就应该学用结合，回家实践体验，帮助父母分担家务，与家庭教育结合起来。学生通过自己的体会和父母的反馈，检测参与活动的效果。

前期准备

1. 制订拖地活动方案。

2. 在生活素养组宣传动员，让学生明确活动的目的与意义，鼓励学生积极参与家务劳动。

活动过程

环节一：学生拖地劳动。

1. 准备拖地的工具。

2. 拖地。

3. 自查拖地的效果。

环节二：学生体会与自我评价。

环节三：父母评价。

活动剪影

活动剪影（一）

活动剪影（二）

活动剪影（三）

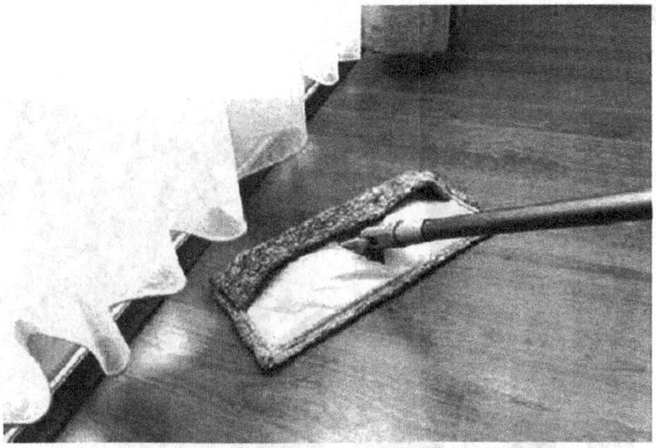

活动剪影（四）

活动剪影（五）

学有所获

讨论题

1. 列举拖地的器材用具。

2. 分析拖地的方法、步骤，如何才能拖干净？

活动效果反馈

拖地活动感悟（一）

参与学生	班级	房间数	历时	父母评价	自我感悟	照片
黄凯锋	高一（9）班	6间	30分钟	有	有	有

家长评价：

孩子长大了，以前很少做家务，后来上了高中学业繁重，更没有什么机会做家务了。这周六没有出去玩而是在家帮忙做家务，令我很感动。

自我感悟：

以前很少做家务，看到妈妈天天拖地，也没觉得辛苦。这个周末我才真正体会妈妈的辛苦。拖完地，我的腰非常酸痛，何况已经上了年纪的妈妈呢？体会到妈妈这么辛苦，我决定以后每天回家都帮妈妈做家务，不再跑出去玩了。

拖地活动感悟（二）

参与学生	班级	房间数	历时	父母评价	自我感悟	照片
赵法然	高一（9）班	4间	30分钟	有	有	有

家长评价：

孩子在家一直都有帮忙做家务，值得表扬。

自我感悟：

人的成长不是一夜之间长高了、增重了，而是在看见父母辛苦劳动时，心中的惭愧与行动上的担当。拖地之后，我深刻体会了母亲的不易。那一瞬间，我好像看到她头上的“银丝”。她真是辛苦了！作为子女的我应该在空余时，帮忙做家务，让她轻松些。

拖地活动感悟（三）

参与学生	班级	房间数	历时	父母评价	自我感悟	照片
陈逸恩	高一（9）班	4间	20分钟	有	有	有

家长评价：

突然懂事，让我们欣喜！

自我感悟：

很久没有拖地，感觉有些疲惫。可能是日益长大的原因，少了最初那份积极。不过做完家务后还是有骄傲自豪的感觉。真正体会到母亲劳动的辛苦，还有一个整洁的家的来之不易。我想，以后我会在空余时间放下手机，多帮妈妈分担一些家务。

拖地活动感悟（四）

参与学生	班级	房间数	历时	父母评价	自我感悟	照片
裴佳庆	高一（9）班	8间	45分钟	有	有	有

家长评价：

孩子从小就开始被教着拖地了。从一开始的排斥到现在的主动，我感到很开心。现在他长得比我高，手比我有劲，看到他的成长，我很开心。

自我感悟：

拖地这种事也不是第一次了，但被高中老师当成作业有点震惊，毕竟也不是什么“初体验”之类的事。不过不会主动去拖，毕竟人都有惰性。但这次拖地让我感觉到父母比我更辛苦，我还是力争多帮着干家务活吧！

拖地活动感悟（五）

参与学生	班级	房间数	历时	父母评价	自我感悟	照片
展璐璐	高二（9）班	3间	25分钟	有	有	有

家长评价：

很开心，一回到家看到如同镜子一样的地板，心里百感交集，觉得我女儿真的已经长大了，其实看到她快乐地长大我就很开心了。

自我感悟：

很久没有这样帮妈妈做家务了，虽然在家很少做家务，但只要一打扫就会一丝不苟地去做，因为把很脏的地板拖干净让我很有成就感。家里一般都是妈妈拖地。这次体验让我感觉到父母的不易，我应该认真学习不让他们再操心别的事了。

拖地活动感悟（六）

参与学生	班级	房间数	历时	父母评价	自我感悟	照片
谢晓婷	高二（9）班	7间	40分钟	有	有	无

父母评价：

农村的孩子在很小的时候就学会帮父母做家务了，而现在城市的孩子却不怎么帮父母做事。一是因为父母从小就惯着孩子，不让孩子自己做；二是因为孩子也懒，找各种理由推脱。这一次的作业很有意义，趁着五一劳动节可以让孩子做一些力所能及的事。

自我感悟：

我是一个从小在城市中长大的孩子，平时在家里做家务的时候并不算多，父母认为我学业繁重也一直没有要求我做什么家务，他们只让我把我自己的东西收拾好就够了。通过这次活动，我体验到了父母平时辛苦工作回家后还需要为家庭事务操心，他们太辛苦了。以后我会更多地帮助家里做一些力所能及的事。父母辛苦工作，孩子不能在工作上帮助父母，但是可以在家务活上减轻父母的负担。我觉得孩子还是很有必要做家务的，国外的孩子从小就帮着父母做很多事，中国的孩子也应该帮父母做一点力所能及的事。

拖地活动感悟（七）

参与学生	班级	房间数	历时	父母评价	自我感悟	照片
谢奕鑫	高二（9）班	8间	40分钟	有	有	有

家长评价：

孩子能帮忙，我既欣慰又感动，希望他以后能更加懂事。

自我感悟：

帮忙做家务虽然是一件小事，但于对我来说意义还是不一样的。能给家里帮点忙我心里也比较安心、快乐。虽然有点累，但我还是觉得值。我觉得这是一种义务，更是一种感激，而不仅仅是作业。周末看到母亲忙来忙去我也是有点揪心的，能看到家人的笑对于我来讲就是我继续做下去的动力。我希望我以后周末时能一直坚持帮家里做家务，哪怕仅仅是拖地。

拖地活动感悟（八）

参与学生	班级	房间数	历时	父母评价	自我感悟	照片
游戏高手	高二（9）班	4间	26分钟	无	有	无

自我感悟：

劳动是幸福生活的源泉。当我穿着整洁漂亮的衣服，吃着香甜可口的饭菜，住着宽敞舒适的楼房时，我不曾想过，所有这一切，都是通过艰辛的劳动创造出来的。劳动既能培养我们吃苦耐劳的美好品质，又有利于树立我们的责任心。有的同学扫地怕灰尘，清洁厕所又怕脏，义务劳动时怕苦怕累，有的还偷偷溜掉了，这种行为对吗？应怎么做？我们亲自参加了劳动，体会到了劳动的艰辛，会更加爱惜劳动成果。劳动不仅有利于调节我们的大脑，让大脑得到休息，而且劳动能使我们心灵手巧，提高我们的创新能力。为了适应生活，我们每个人都应掌握最基本的生活技能，学会自己照顾自己。

这次的周末英语作业非常独特，Michael让我们回去做家务。我回到家发现，原来房间都挺脏，而且杂物很乱。很久没有这种撸起袖子搞卫生的感觉了，趁着干劲十足时就多干一点吧。这是我做家务所获得的最大感触。而且做完家务有种成就感，这也是非常好的。希望以后还有这种机会，同时可以帮父母减轻一点负担。

拖地活动感悟（九）

参与学生	班级	房间数	历时	父母评价	自我感悟	照片
刘岳林	高二（9）班	5间	40分钟	无	有	无

家长评价：

在五一劳动节能看到孩子真的在劳动，感觉孩子真的长大了，不会像以前一样把这个劳动者的节日当作玩乐的节日了。在这里要感谢老师对孩子的栽培，也祝各位老师五一快乐，你们同样也是为了孩子的成长，为了孩子的学业，付出了许多精力的劳动者。

自我感悟：

在家里拖地其实是一件微不足道的事情，但是在拖地的过程中我还是感觉到了劳动的不易，虽然累但是在拖完地之后看到自己拖过的地方变得整洁干净，就觉得这算不上什么，能为父母减轻一些家务活的负担，何乐而不为呢？这让我觉得这次的拖地其本意并不是让我们拖地，而是要让我们体会先苦后甜。所有的学子都一样，只有先“劳动”才会得到“果实”。

活动反思和总结

这是一次比较成功的活动设计。把活动搬进了学生家里，学以致用。学生把在学校里学到的技能运用在家庭生活中，体现了活动的生命力，实用性。学生也在活动过程中很有体悟、很受教育，达到了活动的目的。读着家长的反馈评价，我们感到字里行间流露出的无限喜悦与欣慰，仿佛看到了一丝丝笑容挂在他们的脸上，他们的眼神也闪闪发光。我们开展的教育活动能达到这个效果，我们再苦再累，也感到幸福满满。

第二节　洗衣服

活动背景

目前寄宿高中生的生活自理能力普遍较差，缺乏劳动热情。学校生活老师通过观察发现，80%左右学生的衣服都是花钱让洗衣服公司洗的，10%左右的学生直接把衣服带回家让父母洗，大概只有10%左右的学生是自己洗。寄宿制高中生，在家基本不做家务。三高作为一所寄宿高中，十分重视学生生活自理能力的培养，认为学生只有拥有高素质的生活素养，才能更好地自主生活，拥有幸福的人生。

活动目的

加强学生生活实践，锻炼寄宿高中生的动手能力，培养学生的生活自理能力，提升高中学生生活素养。

活动思路

生活素养课题组统筹组织、楼层生活老师宣传讲述参加洗衣服比赛的目的和意义，统一指定报名时间和地点，制订相关比赛规则、比赛内容、时间、场地、参加的评委及设置的奖项，让学生在比赛中体验不足，寻找优点，从而提升学生个人生活素养，提高学生自理能力。

前期准备

1. 制订比赛方案。

2. 高一楼层生活老师负责参赛报名、参赛准备工作。

3. 购买奖品（如纸巾、洗衣液），制作并打印获奖证书。

4. 比赛现场组织安排。

5. 后勤保障以及赛后总结时间计划。

活动过程

环节一：比赛现场准备。

1. 生活老师准备好洗衣服用的桶盆、洗衣粉、洗衣液。

2. 邀请评委入场，摄影准备。

3. 组织各选手入场。

环节二：生活素养比赛前动员讲话。

环节三：洗衣服比赛实施。

选手按比赛发出的指令，按要求在最短的时间内，洗干净手中的“脏衣服”。要求时间短，洗得快、方法得当、干净整洁，并要求节约用水及洗衣液。

环节四：评委打分，比赛选手退场，作品留下，评委根据比赛规则评出分数，确定一、二、三等奖的获得者。

活动剪影

洗衣服比赛前动员讲话

生活素养老师细讲洗衣规则

比赛选手积极投入洗衣服中

男生洗衣不甘示弱

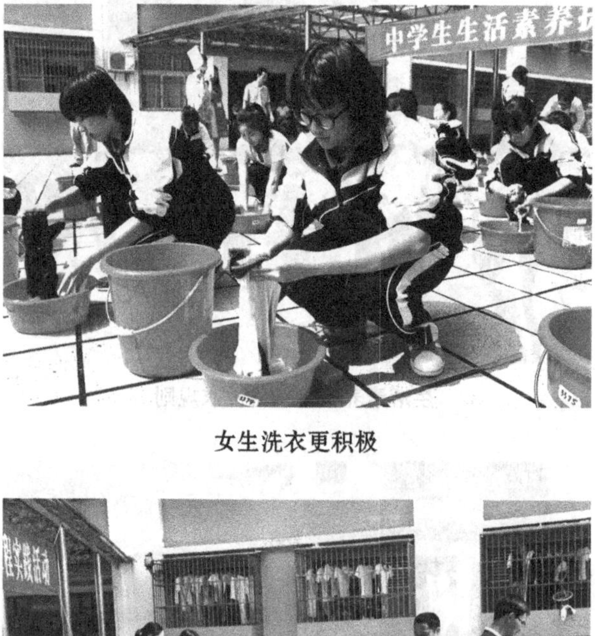

女生洗衣更积极

评委打分

洗衣大赛点评与颁奖

学有所获

判断题

1. 洗衣服时可先放衣服，用水浸湿。 （ ）
2. 洗衣粉不必放入水中，直接洒在干衣服上搓一搓。 （ ）
3. 洗衣液可直接倒在衣服污渍处去污。 （ ）
4. 放入水中的洗衣液越多，去污效果越好。 （ ）
5. 清洗衣服时，如果水中泡沫基本没有了，衣服即可晾晒。 （ ）

活动效果反馈

三高洗衣服大赛

高一（1）班 高红

这周三，我们学校举行了生活素养好课程洗衣服比赛。大清早，我就把桶提下楼，满心期待又满心欢喜。终于等到大课间，我便与参加洗衣服比赛的同学一起赶了过去。

赶到那里，我们看到桶已经被按顺序摆放好了，每一个盆与桶都分开摆放着。我注意到大家的桶里都放满了水，我还注意到，我原本贴在盆内的标签改贴在了盆外。

洗衣比赛开始前，大家都挑选好各自要用的洗衣用品，有洗衣粉、洗衣液，还有肥皂。我选择的是肥皂。比赛开始，我迅速地将肥皂擦在衣服的每一个角落，然后开始洗。上午我们就在暖洋洋的阳光下进行紧锣密鼓的洗衣服比赛。

我洗的衣服是前一天穿的脏衣服，应该算是比较吃亏的了，相比之下，其他人带的衣服都比较干净，但衣服就是用来洗干净的，比赛顺带洗衣服，倒也一举两得。

这次洗衣服比赛让我明白了节约是很重要的。洗衣液与洗衣粉分装在小杯子里，肥皂则是一大块，水只有一桶。若是洗衣用品用得多了，水也会用得多。但我不明所以，虽然肥皂擦得不多，水也用得比较少，但最后我按照自己的习惯把大半桶水直接倒掉了，这也是一种很浪费的行为。

从表面上看，这只是一次普通的洗衣服比赛，但却引起了我深刻的思考。若我们平时在家里和学校都偷懒，使用洗衣机，我们洗衣服的能力也会逐渐退化。这次洗衣服大赛使我明白了，比赛并不是主要的，认真对待才更重要。我们要认真地对待每一件事，平时也需要节约地球上宝贵的资源。人需要劳动，我们应当拒绝懒惰。

劳动最光荣——洗衣服比赛

高一（1）班　李　琦

趁着大课间的时间，洗衣服比赛就在宿舍楼下紧锣密鼓地开始了。摆放整齐的桶、盆在阳光下红光闪闪，使人顿时充满了干劲。我在一旁的洗衣用品中选择了方便好用的肥皂。等老师一声令下后，不论男生女生，都迅速地拿起了盆里的衣服进入洗衣比赛。我也不甘示弱地开始：先将衣服过一遍水，确保衣服能够吸足水。紧接着检查衣服上是否存在污渍，并把肥皂均匀地涂抹在衣服上，尤其是衣领、袖口、腋下这些容易沾染污渍、留下汗渍的地方。随后开始不断地用手搓洗衣服，以便达到较好的清洁效果。一遍又一遍地过水，最后呈现在阳光下的是一件一尘不染的洁白校服。

那一刻，辛勤劳动换来的收获让我情不自禁地露出了笑容，我有犹如拿到了满分试卷一般的喜悦。然而喜悦之余，从脸颊划过的汗水让我顿时想起了母亲，想起了儿时她为我洗衣服的背影，想起了她做家务时擦拭汗水的模样。我不禁感慨：我平时又花了多少时间帮母亲分担家务呢？又为母亲做过多少事呢？

经历了这一次洗衣服比赛之后，我收获了很多，也明白了很多。停留在手掌心挥之不去的肥皂清新的香味似乎在不断地提醒我、勉励我——劳动最光荣！

洗衣服大赛

高一（3）班　陈海润

当我第一次听到有这样的比赛时都愣住了——学校还会举办这样的比赛？在舍友们充满鼓励与友好的眼神中，我怀着激动的心情，举起了我的手：“我来！”

比赛那天大课间，我还悠闲地坐在座位上涂涂写写，突然看到班里一大批同学往外涌，我还想着大热天的怎么这么多人跑出去晒太阳。呆愣时，便听到耳边传来一句：“嘿！加油啊！”满头雾水的我向右边一看，眼里满是期待的好舍友——同桌向我夸张地挥手。我这才想起来参加比赛这件事来，赶忙将笔随手一甩，撒丫子就跑了出去。

还好赶上了大部队，我随着她们走到了宿舍楼后的一片空地上，只见强烈的阳光下，红色的桶被整齐地摆着，盆里是衣服，旁边还有一大桶水。看这烈日，我甚至怀疑盆会不会给晒裂了。

在老师陈述比赛规则后，我们开始选择洗衣用品——肥皂、洗衣粉以及洗衣液。我看着那塑料杯中蓝色的半透明液体心动不已——洗衣液才是王道！所以我冲过去拿走了洗衣液。我还沾沾自喜，只见隔壁号称“小天使”的黄同学拿了个手掌般大的黄色肥皂，我突然感到有些凌乱：“你怎么选这个啊？”洗衣液才是最好用的呀！她腼腆一笑：“这个出泡沫会少，也很干净。”看来平时她用的也是肥皂。我心中暗想：糟糕，失策！她见我满脸愁容，又一笑：“用洗衣粉泡沫更多。”这回我笑了，和着我还处于中间的位置，不好也不坏。我不由同情地看向同时拿了洗衣粉和洗衣液的同学。既然已经选了，那就这样吧！比赛有10分钟，听起来真够宽裕的，可当和我一样都是在校自己洗衣服的李同学这么说出来时，老师露出了笑容，道：“到时候你就觉得时间不够啦！”

一声令下，比赛开始了。我满脸为难地看着这一大桶水，我提不起来啊！但也顾不了那么多了，我拿着衣服就浸入水中，可水不够啊！我深吸一口气，斜着桶，小心翼翼地将水倒了出来。倒洗衣液时手滑一下子倒多了，我不禁一阵懊恼。来来回回几次，烈日下我眯着眼，将衣服搓洗了好几遍，倒水、漂洗衣服，总算是在快结束时把衣服洗完了。

在镜头下，我们笑着，听着老师风趣地说着评判标准，还有不时传来的吸气声。

在这次比赛活动中，我们不仅学到了洗衣服的要点，体会了和同学们面对面洗衣服比赛的乐趣，还见到了老师风趣的一面。这真是一次有趣的活动！

洗衣服比赛心得

高一（1）班　高瑶

这周三，我报名参加了“中学生生活素养好课程”实践活动——洗衣服比赛。步入赛场，我们便被直射而来的太阳光线晃了眼，忍不住用手遮了遮，这才又看见场地上整齐摆放着的桶、盆，并且每个桶、盆都有编号。在老师的指引下，我们拿到了称手的洗衣用品，站在自己的桶、盆边。老师向我们详细地介绍了比赛规则，便含笑站在一旁，期待着我们的表现。

当比赛开始的哨声响起时，所有参赛选手几乎是同时开始了动作。比赛时间共10分钟，看似很长，但我怕时间不够用，便也加快了手上的动作。由于匆忙，我在倒入洗衣液搓洗的环节一不小心便倒多了5毫升左右的量在衣物上，以至于换了四五次水才终于将衣物洗净。当我最后一次将污水倒入水槽时，结束的哨声刚好吹响，我顿时松了一口气，才发现自己早已因为紧张而出了一后背的汗。

老师对我们的表现提出了表扬。虽然出了几个小差错，但我突然明白了，原来洗衣服并不像我原来想象得那般容易，竟还有那么多需要注意的细节。但我已经尽力了，尽管做得并不算好，但也是收获颇丰吧！

正如洗衣服一般，生活中也有许多看似简单实则不易操作的事。尽管现代社会科技发达，有了洗衣机的家庭不再需要用手去搓洗衣服，但我想，凡事都需要亲自体验，动手操作一番，才能明白美好生活的来之不易，才终能懂得珍惜当下，把握现在的幸福。

宿舍生活文化实践活动——洗衣服比赛

高二（5）班 张瑜琪

在第二节课大课间铃声响起时，我如一阵风、一道闪电似的拉着小伙伴的手冲出教学楼，冲向老师指定的宿舍楼下一角。越来越近，一些鲜红的桶、盆映入眼帘，赛场早已布置好，熟悉的生活老师早已到达，参赛的同学陆陆续续都到了。我们沐浴在阳光下，听着老师述说这次比赛的规则。地上简单放着一些洗衣粉、洗衣液和肥皂。“那你们去选择自己喜欢用的洗衣用品，找到自己的桶准备开始吧。”老师在前面说着，摄影师静静地在一旁拍摄。不知为何，我的思绪突然飘回了从前。

那是很久以前，好像是我上幼儿园时，奶奶拿着我一天换下来的脏衣服放到我鼻子面前，问我臭不臭，她做出一脸嫌弃的样子，拎着我的脏衣服去了卫生间。只见她蹲在水龙头前，听着水龙头流水的声音。我悄悄搬了一把小椅子走到她旁边问：“奶奶坐不坐啊？”她说：“奶奶不坐。”我就一屁股坐在了椅子上。接着她用稍有些责备的语气说：“你来这里做什么？奶奶忙，地上湿，你出去玩吧。”我从她旁边拿来一个盆放在水龙头下接水，从奶奶盆里拿了一件衣服放到自己盆里做出洗衣服的架势，她关上了水龙头似乎很生气地说：“水都溢出来了，这么浪费水，奶奶没钱给水费就把你卖了交水费。”我拿起洗衣粉要倒时，她又阻止了我，递给我一块肥皂：“洗衣粉你洗不干净，更浪费水，用肥皂吧，肥皂好用，衣服没洗干净对身体不好。”洗到我认为干净后，我把衣服拿给奶奶看，但是她依然将那件衣服放进她盆里重新洗了几遍。我现在大了，但她仍然认为我洗不干净衣服，她会继续重洗我洗过的衣服，我想告诉她我长大了，可以自己洗干净衣服了，即使重洗我的衣服早已成为她的习惯。我笑了笑，我已经长大了。

我走向放置洗衣用品的一角，微微笑了笑拿起一块肥皂。我想通过这次比赛向奶奶证明自己真的长大了。我想我以前可能不太明白什么是浪费水，为什么用肥皂容易洗。所以这次我要彻底地理解奶奶的话，我将桶里的水倒向盆里，水刚好超过衣服就没有再倒了，然后用肥皂在衣服上涂抹了几下，第一盆水很快起满了泡泡而且变得浑浊。我突然感觉好难洗干净。我用第二盆水时也很注意水量，继续搓洗衣服，直到用了第三盆水衣服彻底干净了，我才真正意识到为什么肥皂容易洗，我们用着同样的时间清洗衣服，而用洗衣液、洗衣粉的同学远远没有洗干净。每个人一桶水，如果每个人都不控制用水量，将会浪费的水量是无法想象的，那么那些干旱的地方将会永远干旱，没有水喝的人将越来越多，或许再过几十年，每个人都只拥有今天这么多的一桶水。在这次活动中，我仿佛感受到了水的生命，它既是那么重要又是那么脆弱。可能在你看来一滴水不算什么，可是一滴水在需要的人看来，它值商人眼里的几万亿。

水是有生命的，其实它很脆弱，很需要人们的保护，而我越来越懂得奶奶的话，很愿意去保护它。

三高洗衣服大赛心得

高一（7）班　张丁璞

上周，我怀着兴奋的心情参加了学校组织的“中学生生活素养好课程”活动——洗衣服大赛，活动要求在10分钟内洗干净一件衣服，而且标准是使用一定量的洗衣用品，并且洗完后的衣服再次投入水中要无泡沫，在这样“苛刻”的条件下，我的心情愈发忐忑，我担心自己不会合理地利用手上的资源。但是，最后，我却将那件衣服洗干净了，对于完成任务，我十分开心。我看着眼前的景象：大家都认真努力地清洗着衣物，觉得十分温馨。并且，我给自己定下了一个目标：以后在学校都要尽量自己洗衣物，在家时，也不依赖洗衣机，多帮父母分担一部分家务。因为我已经长大了，就意味着要负起责任，要帮助父母以及感恩父母。所以，平日里，我会尽自己的一份微薄之力，去帮妈妈完成一些日常的家务。我知道，做家务时会很累，但我相信，看到自己努力后的成果，我一定会非常开心，父母也会为我感到高兴。

活动反思和总结

本次活动高一年级相应班级都有学生参加。学生刚开始都认为洗衣服是很容易的事，自信满满，当比赛规则要求要控制好洗衣液、肥皂或洗衣粉及用水量，而且要在规定时间内把衣服洗干净且无泡沫时，真正体验后，很多学生才知道没有想象得那么容易。洗衣服时要做到既节约用水，又要把衣服洗干净，都是有讲究的，需要相应的生活素养基础。通过本次活动学生明白了很多道理：生活无小事，处处是生活，生活好不好，要靠素养高。本次活动时间短暂，但给学生带来了较为深远的思考。活动比较圆满。

作业：为父母洗一次衣服。

第三节　钉纽扣

活动背景

在开展系列的校本生活素养好课程活动中，很多学生对生活的细节有了新的认识，很大程度上提高了学生对生活的兴趣与追求，并使学生认识到生活素养的提升对生活品质的提高有重要意义。学校生活素养好课程课题组经过统一思想，深入了解，观察学生生活细节，准备开展学生钉纽扣比赛。

活动目的

通过掌握手缝中最基本的技能：穿针、引线、打结，参与比赛，在比赛活动中训练了学生的动手操作能力，提高学生观察和分析事物的能力，使学生体验生活的快乐，树立正确的生活素养认知。

加强我校学生的生活能力，提升我校学生生活素养认识，丰富学生宿舍生活，创建良好的宿舍文化氛围，使学生养成良好的生活习惯。

活动思路

本活动的思路是“生活素养来源于生活，服务于生活”。通过比赛让学生观察思考，体验实践，找差距，发现优点。通过成果展示交流等形式，提高学生的动手能力，让学生在活动中体验生活、认识生活，更好地提升学生的生活素养。

前期准备

1. 比赛方案制订、实施。

2. 活动动员、宣传、报名、分工与安排。

3. 场地准备。

4. 比赛用缝纫工具包（针、线、纽扣、顶针、衣服等）的准备。

5. 奖项设置与奖品购置。

活动过程

环节一：比赛规则说明，参赛选手到位。

要求参赛学生在3分钟内穿好针线、选好纽扣，并将纽扣钉到衣服指定的位置上，时间短，钉得快，方法得当，纽扣与扣眼儿位置刚好一致且线头收好，不外露。

环节二：比赛实施与评比。

评委老师按照以下评比标准进行点评。

1. 看看你钉的纽扣大小是否合适，线、纽扣是否和衣服颜色搭配。

2. 纽扣是否钉得结实，有没有钉错位。

3. 在钉纽扣时，有没有注意安全用针。

环节三：成果展示与点评颁奖。

活动剪影

钉纽扣活动实施

同学们紧张地比赛

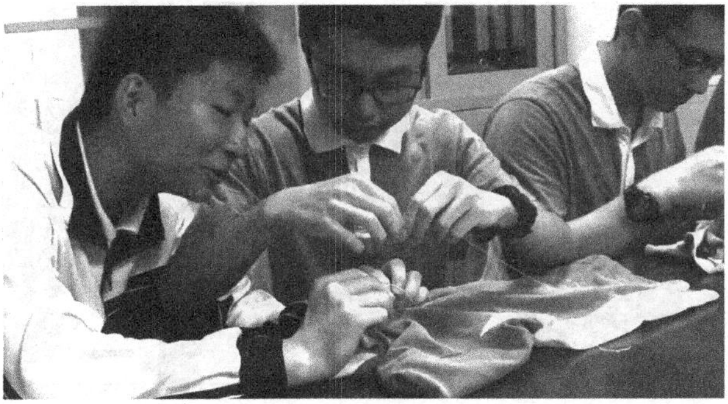

男生也非等闲之辈

钉好的举手

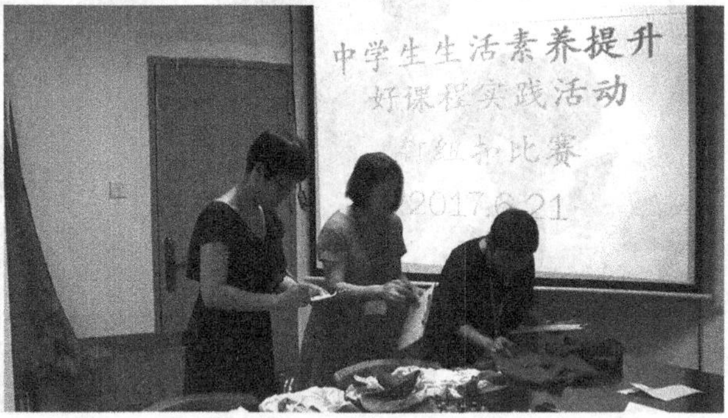

评委认真评比

成果照片

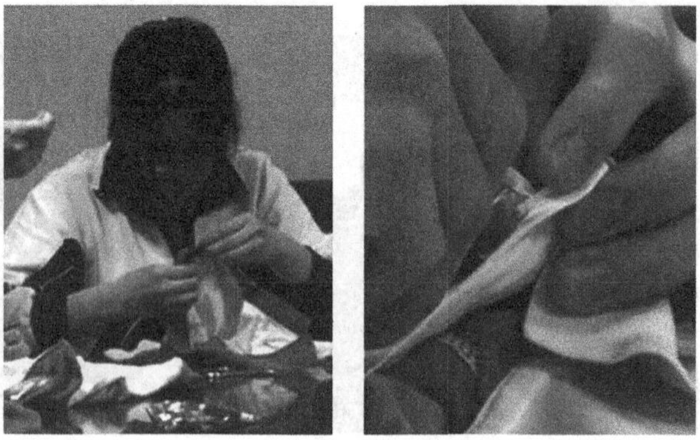

钉纽扣

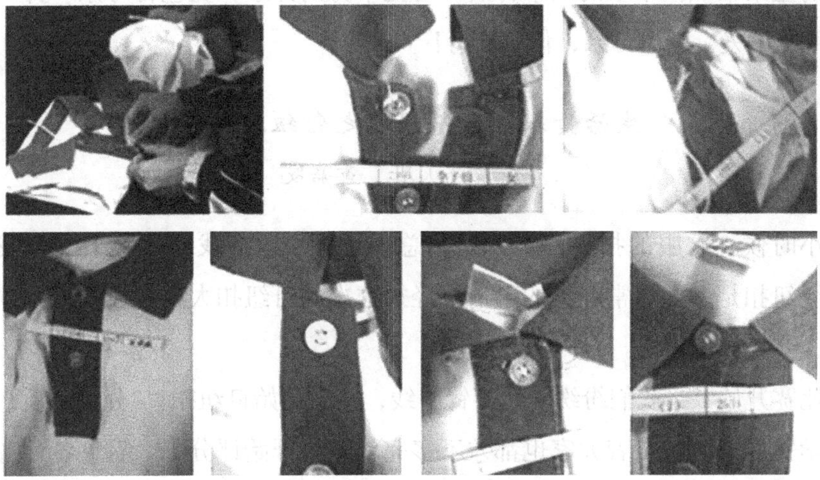

钉纽扣成果展示

学有所获

讨论题

1. 在缝衣过程中，什么情况下会被针扎到手，如何避免？
2. 要让线顺利穿过针孔，你有什么好方法？

活动效果反馈

钉纽扣比赛

高一（12）班 刘靓

这周我参加了钉纽扣比赛。去的时候还是阳光明媚的晴天，但转眼间就倾盆大雨了。我们在大课间时到3182会议室比赛，中间等待了一会儿，但在比赛开始后，穿针时花费的时间有点长，所以缝的时候有些仓促，缝得并不好，但收获还是很多。感谢学校提供了这次机会，让我更贴近生活，感受“慈母手中线，游子身上衣”的那种操劳。

这次活动更让我想起了儿时，母亲在微弱的灯光下，一针一线为我编制围巾的身影。我感受到那握着针线的双手，那因家务活而粗糙的双手，有着诉之不尽的温柔细腻。小小的围巾背后，可见辛劳的汗水，更包含母亲一针一线细细编织成的爱。感恩母亲，伴我同行！

生活素养提升好课程之钉纽扣大赛

高一（6）班　黄嘉雯

小时候，衣服的扣子掉了，奶奶总会很轻松地帮我缝上。于是，我便认为，缝纽扣是一件非常容易的事情。经过这次的钉纽扣大赛我才知道，缝纽扣容易，缝好却不容易。

比赛开始了，我们纷纷开始穿针引线，然后开始钉纽扣。3分钟之后，第一个同学完成了，紧接着大家也都差不多完成，就开始评分了。看见各种各样的缝法，我内心深有感触。有的同学缝得非常好看，于是我懂得了有一些东西不需要追求完完全全变回原样，有时，改变一下可能会更美。这就告诉我们，一件事情可以做出多种结果，我们可以把各种方法进行比较，选择较好的一种方法，这样有可能会做得更好。选择线和纽扣的颜色也非常重要，如果线的颜色和衣服不搭配，那么也会影响整体的效果，所以，在缝纽扣时也应“三思而后行”，否则，最后才发现问题，就来不及更换了。

钉纽扣看似平常的一件小事，其中蕴含着许多道理，它告诉我们坚持不懈的重要。缝纽扣与刺绣一样，中间的线一旦断裂，整个作品也就毁了；它告诉我们要学会从多个方面思考问题，只有考虑全面了，才有可能做得更好；它告诉我们要学会观察，做事前先观察原本的样子，然后做出一些改进，如果在缝纽扣时没有观察而随意乱缝，就会出现线的杂乱无章，还不如不缝。所以，没经过观察和思考做的事情，有时还不如不做。它也让我们明白了“三思而后行”的重要性。

把每一件简单的事做好，就不简单；把每一件平凡的事做好，就不平凡。

不易亦无难——钉纽扣比赛

高一（1）班　高　瑶

这周三的大课间，我们得到参加钉纽扣比赛的通知，我匆忙回宿舍拿来一件衣服到3182会议室集合，便看见桌面上早已摆放好几个针盒和各色的线。

大家按序就座后，由组织比赛的老师宣布规则，要求我们在规定的3分钟时间内将拆掉的扣子用针线重新缝上。

老师按下计时器的一刹那，所有人都迅速地拿起针线，动手穿针引线。我拿的是和原先校服扣子上一样的白色线，本想着要先将线对折一次再往针孔里穿，这样能让扣子缝得更加牢固。无奈心里紧张，又见时间紧迫，手不稳，对折好的线死活穿不进针孔，只好直接改将线的一头小心翼翼地往针孔里引，终于成功了。将针线处理好，还未动手将纽扣缝上，老师的声音便在耳边响起："还剩1分钟左右的时间了，同学们要加快动作了啊！"这话让参赛者不禁一阵紧张，又险些乱了手脚。旁边已有好几位同学举起了手，示意老师已缝好了纽扣。眼见时间所剩无几，我没敢求精，只得草草缝了来回两次，在老师宣布停止前完成了任务。

在回教室的路上，我回想起自己的比赛作品，还是感到一些遗憾，认为自己的实力没有发挥出来，却也心道"缝一颗纽扣实属不易"。后来还听见几个没有缝纫经验的小姑娘惊喜地感叹自己居然学会了缝纽扣，瞬间又觉得，一件小事，说易也不易，说难也不难——只要为之付诸努力，不论结果如何，实际上都有收获。因此，生活中不论事之大小，我们都要以一颗认真的心去对待它。

缝纽扣心得

高二（1）班　李子怡

星期三的大课间，阳光普照，照耀在我的心里。

这次钉纽扣比赛，我的内心忐忑又激动。忐忑是因为我不太会缝，也不知道规则；激动是因为马上就要比赛，一决高下了，但是，我好像忘了带衣服。等我回来时，比赛就要开始了。

"针线准备好了没有，比赛马上要开始了。"老师对我们说。但是，我才刚回来。我开始慌了。针在哪？线在哪？剪刀又在哪？我深呼了一口气，告诉自己，别慌。

我问旁边的同学："请问一下针和线在哪，剪刀可以借我一下吗？"旁边的同学很热心，把针、线、剪刀，都递给了我。很快，我发现，剪刀前面太宽了，伸不到扣眼儿里面，把线剪断。我便从扣子下面剪。"呼。"剪断了。

接着，我开始穿针引线。我可不是大眼瞪小眼，所以我非常自信地拿起针和线，但那个线，就像是病了的老太太——软的！我本来想着扣子比较小，所以选了一个小一点的针，但很快我意识到，我的选择是错的——针小孔也小。这根线就像是一个犹豫不决的人，在孔的附近徘徊，就是不进去。我在抓狂的时候，突然想到一个办法——搓捻法。搓啊搓，捻啊捻，终于线穿进去了。

“还剩1分钟啊，抓紧。”老师开始倒计时。“我们缝好了”参赛的男同学率先完成。我更加慌了，手也开始发抖。一紧张，就坏事。开始我就错了，整个步骤就全乱了。时间越来越少，离结束也越来越近，我的心怦怦直跳，不过最终还是完成了。

虽然最后完成得不是很好，而我体会了别人体会不到的。现在的人过度依赖于机器，动手能力变弱。缝纽扣看似是一件小事，实则意义深刻。

“铃——”上课了，雨却一直下……

活动反思和总结

在本次比赛活动中，经过积极宣传，让学生认识到生活动手能力的重要性。我们的口号是：“体验生活，从我做起。”有部分男生也积极参加了钉纽扣比赛活动，并取得了良好的成绩。但是从本次活动中也可以看出有很大一部分学生很少参与生活劳动，穿针、钉纽扣都感到很吃力，勉强完成了比赛，成绩不理想。我们通过举办这样的活动，让学生体验实际生活中能力的差距，从而提升学生的生活素养认识，更好地帮助学生自主成长。活动虽然圆满结束，但从活动的结果来看，我们还需要加大力度开展生活素养活动，让学生认识到提升个人生活素养的重要性以及其在生活中的重要意义。

3

第三章

宿舍生活

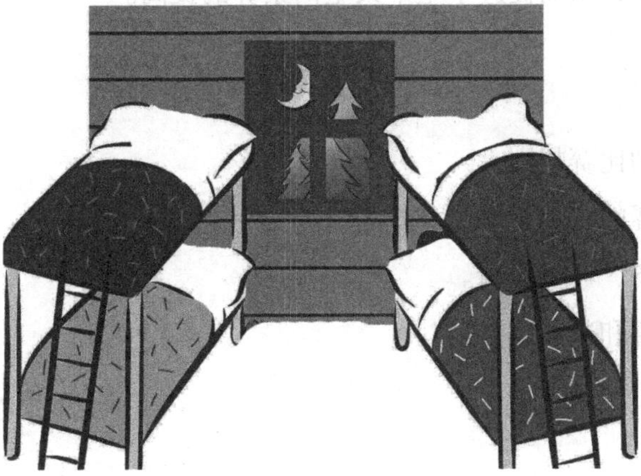

第一节　内务整理

活动背景

在学校开展生活素养好课程系列活动时，学生宿舍内务整理比赛也被列入生活素养好课程活动系列。宿舍是广大学生学习和生活的主要场所，是反映素质教育成果的一面镜子，也是学生基本素质在生活中集中体现的场所。宿舍不仅是学生生活的场所，也是校园文化的窗口，通过内务整理比赛活动，不但可以提高学生个人的生活素养，而且可以创建良好的生活氛围。

活动目的

训练学生用自己的智慧和双手营造更加舒适、温馨的生活环境。鼓励先进，带动后进，培养学生独立生活的能力，使学生宿舍变得更加温馨。

活动思路

举办叠被子的宿舍内务整理活动，通过限时比赛的方式，看谁能在规定的3分钟时间内把被子叠得方正整齐，以此激发学生对生活细节的思考，提升学生整理内务的水平，从而促进学生个人生活素养的提高。

前期准备

1. 制订活动比赛规则。
2. 活动比赛的宣传、动员和报名。
3. 场地准备、评委邀请。
4. 奖项设置和奖品准备。

活动过程

环节一：内务整理比赛准备。

1. 上午9：40参赛选手到场，在三高男生宿舍一楼集合。

2. 宣布比赛规则。

3. 上午9：50发出比赛开始的口令。

环节二：内务整理比赛活动中。

1. 评委巡查比赛。

2. 上午10：00比赛清场。

3. 评委打分统计。

环节三：比赛结束。

1. 内务整理颁奖。

2. 拍照宣传展示。

活动剪影

比赛候场，喜气洋洋

比赛进行中，冷静从容

评委评分

学有所获

一、不定项选择题

1. 内务整理中，被子应该叠成________形状。

A. 方块　　B. 柱形　　C. 锥形　　D. 圆形

2. 要把被子叠成方块形状，其秘诀是把每个角叠成________。

A. 圆　　B. 直角　　C. 锐角　　D. 钝角

二、讨论题

为什么要叠被子？你能说出几个理由？

活动效果反馈

内务整理比赛获奖感言

非常荣幸我能获得内务比赛的特等奖，这让我感到相当意外，毕竟在日常生活中，我做得并不是很好，只是在平常多留心了一点，处理好生活中的小细节，居然就能获此殊荣。可见，从小事做起，就能成就大事。学校的生活是苦闷的，但我们不能因此累倒。人是生活的主宰者，把握机遇，不断努力，我们才能做到最好，我会和3345宿舍成员一起努力下去！

——高一（1）班　徐耿扬

因为有初中三年寄宿生活的经验，我在叠被子这方面比较擅长，因此作为2114宿舍的代表参加了内务整理比赛。当我荣幸获得内务整理的特等奖时，我心中还有种不真实感。因此，我倍感庆幸，当初没有因为复赛时对于初次叠厚被子的“难关”望而却步，否则，我会与特等奖失之交臂。宿舍文化节的各项活动都有利于学生生活素质的全面发展。因此，希望大家以后都能积极参与，丰富自己的学校生活，勇敢地面对生活中的小挑战，获得属于自己的荣耀。

——高一（1）班 刘滢

我很荣幸获得内务整理比赛的特等奖。整理内务对于我这样的男生而言是一件令人头痛的事，因为在实际生活中，扫地、叠被子、洗衣服这类琐事完全不用我做，在家中都由无私的妈妈或辛勤的保姆替我完成，而来到高中这个全新而又陌生的环境，这些小事就让我束手无策了。

我小学时便开始住校，过早的独立生活或许造就了我如今较为优秀的自理能力，虽说叠被子不能完全体现一个人的独立性，但它可以成为一个人从依赖走向独立的一个重要标志。毕竟如果一个人连被子都叠不好，又何谈独立呢？

虽说宿舍文化节在一年的忙碌学习中仅仅是昙花一现，但它在我们的心中留下了美好的印象，伴随着我们成长。

——高一（10）班 陈坤

活动反思和总结

通过本次比赛活动，学生体会到在规定时间内完成比赛，还是有难度的。比赛是紧张的、刺激的。学生觉得比赛给他们的学校生活带来了一些乐趣，欣然接受这样的挑战，明白这样的机会无疑可以提升自己的生活素养。

第二节 海报舍徽设计

活动背景

我们开展的宿舍文化节活动，展示了学生的生活魅力。我们根据学生对学校的了解，设计出符合我校特色的宿舍标志或舍徽，同时秀出宿舍风采，展现个性魅力，提升生活素养。

活动目的

培养学生的动手能力，展示生活艺术，丰富学校生活，建设生活素养好课程体系，提升学生生活素养。

活动思路

动员高一、高二学生利用课余时间，通过设计宿舍舍徽海报，展示宿舍生活，树立宿舍生活榜样作用，建设和谐的宿舍文化，提升个人生活素养。

前期准备

1. 活动宣传、参赛报名登记。

2. 作品收集、展示和评比。

3. 奖项设置和颁奖留影。

活动过程

环节一：作品要求。

1. 设计简洁、大方、得体，有创意，具有特色。

2. 作品要求原创，不得抄袭，一经发现，将取消其参赛资格。

3. 作品格式手绘或电子版（打印）皆可，作品大小均以A2，A3或A4纸为准，否则不予评比。

4. 参加的作品需要附上创作思路和设计说明，解释标志的创作理念及内涵。

环节二：作品评选流程。

1. 比赛宣传，如张贴海报、发宣传单等。

2. 2017年12月21日之前各宿舍上交作品到所在楼层生活老师处。

3. 2017年12月28—29日初选和复选。由负责人组织初选、公开展示，之后进行复选。将创意整合成PPT的形式并放在公众号中进行投票，最后公布获奖名单。

环节三：评分细节。（100分）

1. 基本结构：色彩搭配、整体结构合理。（20分）

2. 整体设计：主题突出、内容充实、视觉舒服。（30分）

3. 具有创意：主题风格标新立异，创作新颖，大胆设想，展现个性化风采。（30分）

4. 整体感觉：印象分。（20分）

环节四：奖项设置。

评选一、二、三等奖若干。

环节五：摄影展示。

获奖、颁奖等摄影展示。

活动剪影

宿舍海报作品欣赏

宿舍舍徽作品欣赏

展示学习

学有所获

不定项选择题

1. 海报设计的要求是________。

A. 简洁　　B. 得体　　C. 有创意　　D. 有特色

2. 海报设计中，画面颜色搭配应该做到________。

A. 轻重相向　　B. 搭配匀称　　C. 色调和谐　　D. 字和画有区分

3. 宿舍舍徽海报主题应该传达________。

A. 正能量　　B. 阳光积极思想　　C. 负面舆论　　D. 消极情绪

活动效果反馈

舍徽与海报设计特等奖获奖感言

我们宿舍荣获了舍徽与海报设计的特等奖，这无疑是一件光荣的事情。海报是我们真实生活的反映，它讲述了宿舍里从我们初见到现已发生的那些平凡而真实的事。我们的舍徽是独角兽，它象征着积极向上、创造奇迹。从荣升五星宿舍开始，我们受到不断的鼓励，这次的比赛更是夺得头彩，以后我们会积极参与更多的宿舍活动，取得更好的成绩。

——高一（19）班　2550宿舍

这次宿舍文化节我们宿舍绘制的手抄报获得了特等奖。我精心描绘海报，舍友写字，因为团结我们获得了这个奖。海报主要的内容是我们宿舍的日常生活，以及舍友之间相互感动的事情，绘出了我们团结友爱的精神，也更好地诠释了我们之间的感情。这次的活动对我们提高生活素养有很大的意义。

——高二（13）班　2527　李静怡

在这次“宿舍是我家”文化节中，我们2322宿舍的海报和舍徽的设计获得了特等奖，我们对此感到十分荣幸。在此，我要感谢学校给了我们这次机会，因为有了这个活动，我们才能充分展现宿舍生活特色。在绘制海报的过程中，我和我上铺的同学一起努力，花了3天的时间完成了海报。在这个过程中，我们有过争执，有过默契，只为了向同一个目标前进。我们希望尽自己最大的努力做得更好。作为五星级宿舍，我们会坚持自己的信念，做宿舍的榜样，做优秀的模范，向新的生活台阶迈进！

——高一（1）班　2322 宿舍

很荣幸能获得海报舍徽设计比赛的特等奖。参加这样的活动，不仅锻炼了我们的能力，而且还通过作品表达了我们对宿舍生活的无比热爱。能获奖当然不是我一个人的功劳，更多的还要归功于3281这个温馨的大家庭带给我的灵感和帮助，另外也非常感谢生活老师的鼓励和关爱。

——高一（2）班　3281宿舍

活动反思和总结

通过本次活动，学生将在生活中得到灵感并用艺术手法表达出来，既实现了艺术生活化，并在校园中专场展示，又促进校园宿舍文化水平的提升，创建了良好的生活素养氛围。

第三节　宿舍征文

活动背景

在学校开展生活素养好课程系列活动时，征文活动也被列入生活素养好课程活动系列。通过征文活动让学生思考生活、丰富生活，提升生活素养，促进学生健康成长。

活动目的

在我校宿舍文化节来临之际，为体现丰富多彩的学生宿舍文化生活，反映宿舍成员之间团结互助的亲情、友情，在抒发宿舍情怀的同时，提高学生的写作能力，营造积极向上、健康文明、清新高雅的宿舍文化氛围，特举办此次征文活动。

活动思路

在全校范围内宣传生活素养好课程征文活动，让学生广泛参与，扩大活动影响，以营造良好的生活素养氛围。

前期准备

1. 确定征文主题。

2. 征文要求

（1）可记叙身边的好事、乐事、趣事等，内容要求真实、健康向上、紧扣主题。

（2）题材不限，记叙文、散文和其他体裁均可，字数在1 000字以内。

（3）语言流畅、内容充实、文字精练。

（4）稿件要求原创，不得抄袭，一经发现，将取消其参评资格。

（5）稿件需注明班级、宿舍号和姓名。

3. 制订评分表，邀请评委。

4. 设置奖项及奖品。

活动过程

环节一：动员宣传时间为2017年4月13—23日。

环节二：征文时间为2017年4月25日—5月15日。

环节三：评选时间为2017年5月16—23日。

活动剪影

宿舍文化节部分征文比赛登记表

2017年

序号	姓名	年级	班级	宿舍号	文章题目	备注
1	冯婧	高二	2	3280	夜问	
2	周珊如	高二	2	3281	宿舍里的青春	
3	陈润瑜	高二	2	3282	有一种青春叫宿舍	
4	范伶智	高二	2	3283	宿舍，我的第二个家	
5	余伊彤	高二	2	3286	我们	
6	罗海玥	高二	2	3286	学校的港湾——宿舍	
7	吴旻欣	高二	2	3287	清风吹过的3288	
8	刘凤仪	高二	2	3288	幸福就是身处其中而不自知	
9	周咏琪	高二	4	3289	宿舍如家	
10	彭宝莹	高二	4	3290	宿舍“家”	
11	刘香莲	高二	4	3291	开往三高的列车	
12	马倩妮	高二	4	3292	成长的大树	
13	朱琳	高二	4	3293	与你们共度的时光	
14	陈鹏安	高二	4	3294	我保护装置的3295宿舍	
15	刘洋洋	高二	10	3295	我们的3295宿舍	
16	李愉清	高一	3	3372	我们3372宿舍	
17	硕人	高一	3	3373	宿舍，最美的第二个家	
18	王语涵	高一	3	3374	丰富多彩的宿舍生活	
19	黄睿	高一	3	3375	议3375宿舍	
20	袁志敏	高一	3	3376	踮起脚尖	

续表

序号	姓名	年级	班级	宿舍号	文章题目	备注
21	丘媛妮	高一	5	3377	温馨小屋，温暖你我	
22	田丽优	高一	5	3377	简单的幸福生活	
23	文婧	高一	5	3378	在夏末	
24	罗湘琳	高一	5	3379	从陌生到熟悉	
25	叶家雯	高一	13	3380	我的第二个家	
26	李永婧	高一	13	3381	一家人日常	
27	柯巧玲	高一	16	3384	宿舍生活	
28	林朝阳	高一	16	3384	我与三高	
29	赵法然	高一	9	3516	宿舍是我家	
30	陈梦华	高三	1	2534	宿舍情怀	

陈梦华

获奖选手风采

学有所获

不定项选择题

1. 写作要求原创，盗用、抄袭他人作品会侵犯他人的________。

A. 所有权　　B. 财产权　　C. 肖像权

D. 版权　　E. 著作权

2. 写好论文要做到________。

A. 论证明确　　B. 论据充分　　C. 语言精练　　D. 篇幅较长

3. 创作反映宿舍真实生活的记叙文，一定要做到________。

A. 真情实感　　B. 言有情感　　C. 积极向上　　D. 故事感人

活动效果反馈

宿舍征文精选

没有感情的人将是可怜的孤独者，没有感情的社会只是一片繁华的沙漠。幸运的我遇见了友好的老师与同学，他们的精神为我的作文增色，他们的友爱为我的人生添彩！我要用最深的笔触，纪念这三年的美好时光。

——高三（1）班　2534宿舍　陈梦华

在宿舍文化节征文活动中我幸运地获得了特等奖，这不仅是属于我的荣耀也是属于我们宿舍的荣耀。在这里，我要感谢所有支持我的老师和同学，是他们的鼓励与支持才让我拥有了动力。宿舍可以说是我们学生的第二个家，我们要在这里度过三年的学习时光。只有好的环境才能更好地学习，所以我们要让宿舍更美丽，也要让三高更美丽。心动不如行动，同学们，让我们行动起来吧！

——高一（9）班　3516宿舍　赵法然

最初的相遇，阳光盛开的落拓，我们，不期而遇。在3282宿舍，我们成为彼此青春的见证者。三年时光还未溜走，我却已如此痴迷地沉沦于每个与你们生活的画面。无论多久以后我都会记得，有一种青春叫宿舍。

——高二（2）班　3282宿舍　陈润瑜

活动反思和总结

生活素养课题组围绕“为每一个学生生活素养的提高”的活动理念，积极开展提升学生生活素养活动，搭建活动平台，营造良好的生活素养氛围，为学生树立具有正能量的生活榜样提供支撑点。本次活动共收到学生稿件500多份，经过评委认真打分，评出特等奖、一、二、三等奖若干名。本次征文活动充分地展示了三高学生良好的个人文化素养，不但丰富了学生的文化生活，而且提升了宿舍文化的内涵。

第四节　名言警句

活动背景

学校管理层十分重视校园文化建设的思想引领，为促进高中生树立良好的人生观、生活观，生活素养课题组在学生宿舍区开展名言警句征集活动，引导学生观察、思考宿舍生活，创作、引用名言，为学生的宿舍生活增添了文化气息，丰富学生文化生活内涵，促进学生宿舍生活的和谐。

活动目的

营造良好的学生宿舍生活文化氛围，促进学生树立“宿舍是我家”的生活理念，培养学生形成良好的人生观、生活观，充分发挥学生的积极性和主动性，提升学生文化自主创建、思考实践的能力。

活动思路

召开小组会议，明确名言警句征集活动的意义；在学生宿舍召开学生宿舍长动员会议，收集作品、评选作品、展示作品、总结活动。

前期准备

1. 确定开展活动的组织人员。
2. 召开会议，对名言警句征集活动进行分工。
3. 制订名言警句征集活动方案。
4. 名言警句征集活动海报设计、粘贴。

活动过程

环节一：确定开展名言警句活动的组织人员。生活素养课题组负责整个活动的人员安排。其中，施昌赛负责组织学生宿舍参与活动、动员学生及作品评选等工作。杨小山负责作品统计与奖状打印工作，梁日全负责作品展示与拍摄工作。

环节二：名言警句活动方案设计与实施。

1. 确定名言警句活动方案的目的、征集内容、时间安排和实施人员。

2. 按要求评选参赛作品。

环节三： 名言警句优秀作品展示。

活动剪影

深圳市第三高级中学

学生宿舍名言警句征集实施方案

为了更好地加强校园文化建设，进一步引导学生创建积极的人生观、生活观，树立“宿舍是我家”理念，发挥同学们的积极性、主动性和创造性，创建和谐、积极、健康的学生宿舍生活。经研究，生活素养课题组特在学生宿舍举办“我最喜爱的学生宿舍名言警句”征集活动。

一、活动目的

通过学生宿舍名言警句征集活动，提升“宿舍是我家”的理念，创建 良好和谐的学生宿舍生活氛围。

二、活动实施小组

组 长 钟国良主任

副组长 刘伟副主任

成 员 施昌赛 杨小山 梁日全 方兰凤 生活老师

三、参加对象

全校师生。

四、学生宿舍名言警句参考主题

励志、成才、和谐、勤奋、惜时、谦虚等。

五、征集要求：

1. 名言警句既可自己原创，也可搜集后推荐，但需注明作者和推荐者。

2. 要求语言凝练、生动，切合主题，体现个性，富于特色。

3. 要求内容贴近学校、贴近宿舍、贴近生活，并且健康向上，富有教育性、针对性和感召力。

六、征集时间

各学生宿舍学生填好推荐表后于2017年12月13日前上交生活部施昌赛、杨小山老师处。

七、评奖

学生宿舍名言警句评出一等奖、二等奖 、三等奖若干名。

八、其他

学校将组织获奖学生宿舍名言警句装裱展示，悬挂在学生宿舍区。

名言警句征集方案

名言警句征集动员会议

开始创作

学有所获

不定项选择题

1. 写作名言警句提倡原创，盗用、抄袭他人作品会侵犯他人的________。

A. 所有权　　B. 财产权　　C. 肖像权

D. 版权　　E. 著作权

2. 写好名言警句要做到________。

A. 言简意赅　　B. 原汁原味　　C. 言之有物　　D. 无病呻吟

3. 名言警句要反映________。

A. 真情实感　　B. 真实生活　　C. 负面能量　　D. 黑暗故事

活动效果反馈

一等奖名言警句

序号	年级	班级	姓名	名言警句
1	高二	15	代欣	宿舍是我们另一个温暖的家，将生活的点点滴滴定格为幸福的笑颜
2	高二	5	林瑞莉	以互相帮助为荣，以自私自利为耻； 以热爱宿舍为荣，以鄙弃宿舍为耻
3	高二	1	陈妍	清洁宿舍是生活中的一枚镜片，折射出一个人的思想道德素质
4	高二	19	肖天弈	十平方米的房间承载着无边的爱与温暖
5	高二	1	易明	今日之干净温馨宿舍，明日之甘甜美好回忆
6	高二	2	龙毓誉	宿舍，一个由你改变，同时也改变你的地方
7	高二	5	徐小玲	宿舍好比一个加油站，让我们更加奋力前进； 宿舍好比一个休息站，让我们可以养精蓄锐
8	高二	5	林浩杰	宿舍就是一本哲学书，每个人所读到的人生观、价值观各不相同，当拼凑在一起时，就成了一本《伊索寓言》
9	高二	5	林嘉怡	每人多一份勤，宿舍就多一份净
10	高二	1	莫金洋	快乐之事，在乎一室之内，一屋之间
11	高二	1	黄敏芬	修身的一大准则是爱家（宿舍）
12	高二	1	蒲冏冏	Better dormitory, better life
13	高三	9	钟瑜	同一片天空下我们相遇，同一个班级里我们相伴，同一个宿舍中我们相知
14	高三	20	陈荣燊	休息，是为了走更远的路
15	高一	2	任颖	窗明几净，让阳光洒满宿舍； 整齐划一，秩序与快乐并行
16	高二	1	李英仪	宿舍和谐，从我做起
17	高一	20	钟丽莉	我们所创造的欢声与笑语都珍藏在这一屋一舍中，有你、有我、有大家，就有未来
18	高一	6	黄玲珊	宿舍——抚慰疲惫不堪的身躯； 宿舍——平复躁动不安的内心
19	高一	6	蔡佩盈	宿舍生活所给予我们的不仅有欢声笑语，更有最真挚的友谊
20	高一	2	陈嘉琦	自强自立，自我管理；爱国爱校，更爱集体

续表

序号	年级	班级	姓名	名言警句
21	高一	2	余思维	一舍之内，六床之间，情谊长存
22	高一	19	黄小玲	用爱，用心，搭建生活的小家
23	高一	4	黄婉虹	合理地安排，和睦地相处，构建和谐宿舍
24	高三	9	郑佳如	珍爱日夜拼搏后温暖的港湾——我们的宿舍
25	高一	15	龙合	同一个宿舍，同一个梦想
26	高一	4	徐卓夫	宿舍，多一度的热爱
27	高一	4	卓雅珍	小小的宿舍，大大的家，满满的温暖，需要你我他
28	高一	19	马佳琪	辛勤打扫力争评优；五星宿舍你我齐努力
29	高一	15	庄婷妹	细心、关心、开心，宿舍能成五星
30	高一	4	叶家宝	今天多几分钟的准备，明天少几小时的麻烦

二等奖名言警句

序号	年级	班级	姓名	名言警句
1	高二	19	张晓鸿	苦乐皆有，汗血齐挥，心有猛虎，细嗅蔷薇，细细回首，一舍百媚生
2	高二	1	张怡	星级恒久远，免检永流传
3	高二	2	林芝娜	多一点点宽容，多一点点忍耐，宿舍就有无限快乐
4	高二	1	吴偲佳	相见相离难相会，舍友学友不相忘
5	高二	5	陈嘉霓	同一屋檐下，风雨共同舟；有食共分享，有活共分担；相亲又相爱，欢乐是一家
6	高二	1	刘琼芳	星级宿舍，你值得拥有
7	高三	20	胡志杰	一屋一世界，一舍一传奇
8	高三	20	郑启阳	心安即是归宿，繁花皆随尘土
9	高三	20	梁迅立	明亮静雅之居，同心同德之室
10	高三	20	莫思智	让我们欢笑做伴，住得潇潇洒洒
11	高三	20	沈适宜	给我三年时间，还你一个不一样的宿舍
12	高一	2	陈莹莹	明亮之室，陶冶情怀；整洁之所，磨砺心志
13	高一	8	匡小曙	房不再乱，哥在就行；斯是陋室，唯吾德馨；星级宿舍，势在必行
14	高一	2	何川	宿舍不扫，何以扫天下？

续表

序号	年级	班级	姓名	名言警句
15	高一	4	陈嘉欣	宿舍是你受伤时温暖的避风港，是你在烈日炎炎炙烤时的遮阳伞。它是暖暖的咖啡，温暖你的心窝。它是一杯淡淡的茶，让你回味无穷。它还是一条弯曲的小路，让你茁壮成长。无论你在哪里，在干什么，宿舍里属于你的那张床位永远等着你
16	高一	2	刘捷玲	斯是陋室，惟吾德馨
17	高一	4	梁颖怡	小小的宿舍，So mini, so happy
18	高一	11	许少敏	不想当舍长的舍员不是好舍员
19	高一	4	陈奕君	宿舍，暖暖的，很贴心
20	高一	6	黄洁玲	家，充满着我们回忆的地方；宿舍，我们创造回忆的地方

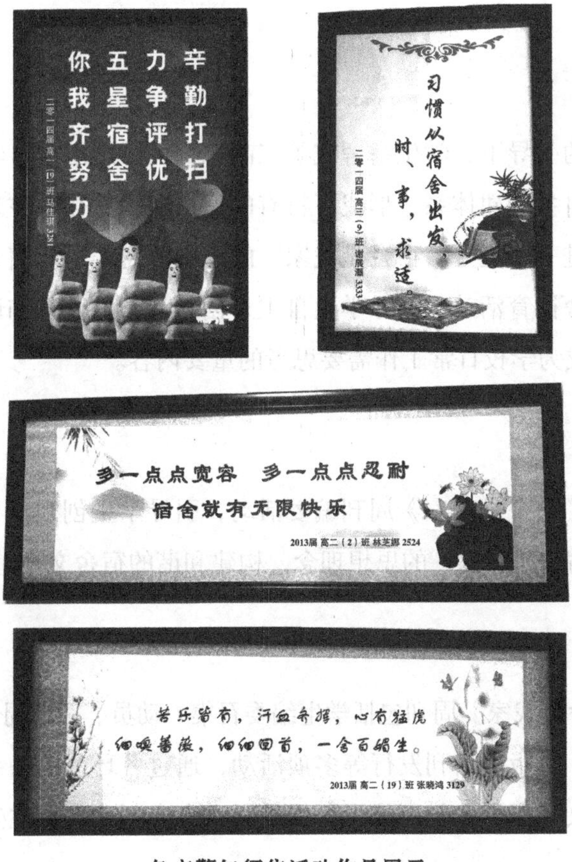

名言警句征集活动作品展示

活动反思和总结

学生宿舍名言警句征集活动是对三高学生日常生活经验的总结，它是思想智慧的结晶，是对朋辈们的忠告，也为朋辈们提供了参考。经过评委筛选的这些名言警句精彩、凝练，富有哲理，耐人寻味，发人深省，极大地促进了学生宿舍文化的建设，营造了良好的学生宿舍生活氛围，为学生的和谐生活创造了条件。

第五节 宿舍期刊

活动背景

在学生处的引导下，学生宿舍成了三高德育的阵地之一。学校建立了三高五星宿舍荣誉自主创建体系，形成了特有的三高宿舍文化。在现有的德育文化体系下，如何进一步提升“宿舍是我家”的思想理念，形成宿舍德育合力，开展多元化的宿舍德育活动，引导学生自主、创新活动，营造和谐的学生宿舍生活文化氛围，成为学校日常工作需要思考的重要内容。

活动目的

通过开展《宿舍是我家》周刊编委活动，引导学生创刊参与学生宿舍文化建设，提升“宿舍是我家”的思想理念，构建和谐的宿舍文化生活。

活动思路

创建《宿舍是我家》周刊包括学生编委召集、动员、宿舍周刊栏目设置、分工、稿件收集、排版、出刊发行等多项活动，通过各环节的一系列活动，可以提升学生宿舍文化凝聚力与正能量，促进学生自主创建、自主生活等综合能力的提升。

前期准备

1. 学生宿舍周刊编委召集。

2. 宿舍周刊编委学年各项活动安排。

3. 宿舍周刊编委表彰。

活动过程

环节一：学生宿舍周刊编委筛选召集。

通过海报宣传、生活部专场动员、各楼层生活老师推荐等方式，根据报名学生的意愿，考查学生的品行及其综合能力，录取编委。

环节二：宿舍周刊编委培训指导、互动学习、开展活动。

对宿舍周刊新编委采用教师引导，以老带新、自主互动、交流学习等方式，提升其能力，及开展各项宿舍活动。

环节三：宿舍周刊排版、装订和发行。

对学生编委的分工落实到宿舍周刊栏目文稿，通过引导学生排版、编辑、装订，定期出刊。

环节四：宿舍周刊编委表彰。

对各届宿舍周刊编委的付出给予肯定和鼓励，并加以表彰，树立榜样，促进学生宿舍文化建设，营造和谐的学生宿舍生活氛围。

活动剪影

《宿舍是我家》周刊学生编辑部招新学生报名明细表

序号	班级	姓名	性别	宿舍号	兴趣爱好	计算机水平	备注
1	高二（3）班	周彦清	女	2121	唱歌	一般	
2	高二（3）班	冯晓锐	女	2121	看电影、听歌	偏差	
3	高二（3）班	林钰美	女	2121	阅读、钢琴	一般	
4	高二（5）班	罗雪怡	女	2134	画画	中等	

续 表

序号	班 级	姓 名	性别	宿舍号	兴趣爱好	计算机水平	备 注
5	高二（5）班	李萌	女	2134	小说、编辑、排版、创意设计	良好	建议增加文体种类（诗歌、微小说、影评、老师作品）和封面设计（Logo、评报、图片等）
6	高二（5）班	宋颖敏	女	2134	阅读、写作	一般	有工作经验
7	高二（5）班	林楚婵	女	2134	唱歌、运动	一般	组织能力较强
8	高二（13）班	余美华	女	2134	编辑、版面设计，听歌、唱歌、体育锻炼、看动漫、看书	一般	本人觉得在“开心一刻”附近添加一些由学生或老师创编的谜语，开心一刻的内容亦可增加一些校园趣事（可以收集学生的作品）
9	高二（13）班	许腾楚	男	3125	运动、唱歌	差	
10	高二（13）班	陈荣杰	男	3125		一般	
11	高二（13）班	林创琼	男	3123	魔方、运动		
12	高二（13）班	陈睿明	男	3129	音乐、体育、美术	差	

秋季宿舍周刊编委招新专场动员

春季宿舍周刊编委女生专场动员

宿舍周刊新老编委传、帮、带学习

宿舍周刊编委活动学习

宿舍周刊编委师生探讨

宿舍周刊刊物发行提升探讨

学生处钟国良主任为优秀学生编委颁奖

宿舍周刊编委表彰合影

优秀通讯员合影

《宿舍是我家》刊物展示

学有所获

不定项选择题

1. 编辑宿舍文化期刊，学生编委需要________。

A. 团结协作　　B. 分工合作　　C. 各司其职　　D. 任务明确

2. 宿舍周刊的文章应该________。

A. 立足校园　　B. 无病呻吟　　C. 风花雪月　　D. 积极向上

3. 宿舍周刊的好文章反映________。

A. 真情实感　　B. 负面能量　　C. 真实生活　　D. 黑暗故事

活动效果反馈

◎《宿舍是我家》宿舍周刊栏目——我们的心声

外婆的中国梦

高二（13）班　欧晓嘉

（荣获“我的中国梦”国家级优秀奖）

从出生起，她似乎就在“做梦”。梦不大，却连着家与国。

那一年，是1933年。她出生于一个生意人家，生活幸福。但好景不长，在她只有几岁时，日本开始侵略中国。

那一年，是1941年。战争还在继续，而且已经打到了她的家乡。天空灰蒙蒙的，只有几颗星星在散发出黯淡的光芒，她噙着泪水不愿与父亲分别。父亲又何尝忍心与她分别，纵使肝肠寸断，也想要女儿好好活着。

那一年，是1943年。她义父家已是吃了上顿没下顿，一家人都饥肠辘辘。无奈之下，她被卖到了地主家做“童养媳”。说是“童养媳”，但和丫鬟没什么区别，总是被人使唤。每当夜深人静时，她便偷偷地爬上屋顶，向着家乡的方向张望着、祈祷着。口中默念：祖国快快强大起来吧，把侵略者赶出我们的土地，我才可以一家团圆啊！

那一年，1949年。一个令所有中国人都欢呼雀跃的日子——中华人民共和国成立了！她也终于与地主的儿子解除了婚约，想回家乡，却苦于没有盘缠。

那一年，是1950年。她所在的地区实行“扫文盲”活动。她积极上夜校学习，参加共青团，颂唱革命红歌，参加各种会议。很快，她被选为积极分子，她成了一名合格的共产党员。看着欣欣向荣的祖国，她满怀希望，梦想着祖国进一步强大起来，让全世界都为之震惊！

那一年，是1955年。她遇到了她的爱人，他们相爱结婚，并且婚后育有四个子女。经过慎重考虑，她决定和丈夫从商，不仅是为了养活四个孩子，还因为她意识到：中国还处在十分艰难的时期，祖国只有富裕了，才会强大！而想要祖国富裕，就要让人民先富裕起来！

那一年，是1958年。中国走上了一条曲折的道路。人民劳动的积极性下降，吃“大锅饭”也常常吃不饱。但因为他们夫妻二人从商，所以没受到太大的影响。她还时常分发粮食给那些吃不饱的村民们，鼓励大家要好好工作，为国家贡献一分力量。

那一年，是1966年。特殊“十年”就是从这时开始的，而她一不封建，二没什么过错，三又算不上知识分子或地主，所以她平稳度过。

那一年，是1980年。中国走向了中国特色社会主义道路。她领着孩子们下深圳——改革开放的第一批经济特区之一。经过在深圳打拼多年，她的子女都已成家，而且生活幸福美满。她亲眼见证了深圳的一步步成长。她很满足，但她仍希望祖国能够更加强大，能在国际上更有影响力！

她总对我说：“要爱祖国，祖国强大了，我们的生活才会好！”

她，就是我外婆。如今已是八十岁高龄了，但心态依然年轻。她爱看新闻，关心国家大事；她喜欢和年轻人在一起，时刻紧跟时代步伐；她爱运动，以此保持身体健康。她心中永远有家有国，永远有个“中国梦”。

（指导教师：陈继英）

做一个中国造梦者

高二（13）班　谢婷婷

（荣获“我的中国梦”省级二等奖）

我不是一个会做梦的人，但我是一个造梦者。

——题记

梦，似乎是一种美好的愿望。它既可以是白日梦，也可以是梦想。带上了“梦”的字眼后，一切仿佛都增添了几缕奢望的意味。有的人如梦初醒，烟消云散；有的人梦想成真，如愿以偿。

“会做梦”只是幻想而不行动，沉醉在一切虚无当中；而“会造梦”却敢想敢做，能够改变现实与梦想的距离。

“少年强则国强，少年志则国志”，我在造着一个梦——一个中国梦。

中国的前辈们打下了江山，夺回了原本属于我们的尊严；中国的前辈们白手起家，在战后使国家更繁荣富饶；中国的前辈们造着一个梦——一个中国梦，那是世人仰望的大梦。未来是我们的，我们在造着中国未来的梦。

不用彷徨，因为我们不是在做白日梦，梦想着不切实际的去等待美好的结果。我们每个人做的每件事都是在造着各自的梦，一个中国梦。

我要当大医学家，悬壶济世，使人们都远离病痛；我要当大师，育人子弟，使后辈强大中国；我要当政治家，掌握宏观，使国家持续发展……这些梦想在我们看来都是伟大的、神圣而高尚的，可是，梦不一定都是如此，也许默默无闻，站在身后支持的梦想也是不可或缺的一部分。就像成功，表面风光远不如背后辛苦的付出来得真实。我要当一名设计师，创造美丽，用艺术点缀人生；我要当一名工程师，恪尽职守，使住房生活变得更加实在；我要当一名流水线工人，艰苦奋斗，为社会的发展贡献一分力量。或许我只是一名平凡的劳动者，梦想千千万万，但连在一起铸就的就是我们共同的中国梦。

无论是学习工作，还是研究探索，我们造的都是中国兴旺的梦。中国人口十几亿，我们团结一致造着“中国梦”。“中国梦，让世界心动”。我们是造梦者，让梦想延续美丽。中国要富饶，中国要强大，中国要实现一个梦想——叫作世界强国，中国要创造奇迹……

我是一名学生，为中国造梦；我是一位团员，为中国造梦；我是一个中国人，为中国造梦。我，可以是任何人，任何身份，任何角色，但我是中国人。我的国家是中国，我的母亲是中国，我的家是中国，我爱她比她爱我更多一些。周恩来“为中华之崛起而读书”，如今我为中国强大而读书。我很平凡，是一个平凡的中国人，但平凡阻挡不了我造中国梦。我有一个梦想，不，是梦，我要考上重点大学，学习各方面的知识，掌握多门技术。我相信，只有付出，才会有回报，不付出就一定没有回报。我相信国家需要我，因此，我才存在于这个国家，造着中国梦。

造梦，造一个中国人的中国梦……

（指导教师：陈继英）

◎《宿舍是我家》周刊栏目——氤氲书香　悠悠我心

读《弟子规》悟孝道

高二（7）班　张丁璞

常言道："读万卷书，行万里路。"大家的见解各有千秋，我认为它还可以这样理解：我们要读书，并从中取其精华，去其糟粕，方能在日常生活中得到相应的启示，将书中的正确道理付诸行动，方可谓之"修身"，也只有做到修身，才能在各自的领域中做得更好，走得更远。

《弟子规》是一本修身之书，它在家庭、职场、为人处事等方面强调了修身的重要性，给我的启发深远，尤其在孝道上，更是极致。其中，"父母呼，应勿缓。父母命，行勿懒。父母教，须敬听。父母责，须顺承"便是孝道的体现。

"百善孝为先"，中国自古就有以孝治天下之说。从晋朝的李密为奉养祖母而多次辞官，到南宋赵惇因不孝顺自己的父亲而被弹劾退位，再到最近我国许多省份都制定了关于孝的规定……从这些事例中，我们不难看出世人对孝道的看重。孝道影响着一个人的仕途、家庭、人际关系等，同时警示着我们要对给予我们生命的父母报以感激之情，对抚养过我们的亲人怀有尊敬，在自己飞黄腾达之时，要能够做到吃水不忘挖井人，给予家人物质以及精神上的帮助。能够做到这些，才算基本的尽孝。

2006年，甘肃省出台规定："提拔干部不仅要看其德、能、绩等表现，还要看其孝敬父母的表现，不合格者将被一票否决。"而出台这一规定正是源于一个让人唏嘘不已的故事：有一年雀克信去乡下慰问五保户，当时有很多老人坐在他的周围反映情况。大家指着其中一位老人说，他的生活最困难。雀克信问那位老人是不是五保户。老人说，他不是五保户，他有四个孩子，其中一个儿子便是催克信手下的一名局长，但对他不好。当时催克信就想，那个局长在自己面前毕恭毕敬，却不好好对待自己的亲生父母。可见，不孝者两面三刀，信不过啊！因此他认为，在党政事业单位工作的人员缺乏诚信道德，不仅是个人问题，更会影响政府的形象。因此在换届选举时，这位局长毫无悬念地因为不孝而被一票否决。

是啊，不孝之人必然缺乏爱心，一个不能很好地对待父母之人，又怎么会很好地对待与同事和素不相识的百姓呢？不孝之人缺乏对周围之人的一种博爱之心。一个只知道向上级献殷勤，而冷落自己的亲人的人，即使取得事业上的成功，又怎能博得大家的信任呢？不孝之人不会是一个好员工，也不会成为一个优秀的管理者。

平日里，我要向那些懂得孝敬父母的人学习，为了让父母开心而去做一些力所能及的事。例如，给母亲倒一杯水，帮辛苦工作的父亲揉揉肩，有好吃的分享给外公外婆，爷爷奶奶走路的时候小心地搀扶着他们……尽孝不需要多么惊天动地，家人一个满足的微笑足矣。

能够做到孝顺亲人，也算是做到了修身，正所谓：身修而后家齐，家齐而后国治，国治而后天下平。能够遵从孝道的人也算是成功了一半，同样这也是国家太平的一个重要因素。

家　缘

高二（9）班　蔡颖榕

还记得我刚上高中的时候心里的兴奋——我即将开始我一直期待的宿舍生活了，但迎接我的会是什么样的场面？我将会住在一个怎样的宿舍？将会遇见什么样的宿管？将会有怎么样的舍友？是高是矮，是胖是瘦，是贴心温暖如家人，还是冷淡似路人？我们会有许多欢声笑语的故事，还是会有很多冲突和矛盾？

我带着满脑子的疑问，拖着重重的行李箱，还是一步都没有迟疑地走向了宿舍大门……

我是第三个到达宿舍的人，看着舍友的妈妈忙进忙出。一个女生在上铺擦着自己的床板，一个女生在下铺玩着手机，偶尔拿出镜子拨弄两下自己的刘海儿。然后有一个学姐很热心地走过来，对着我微笑并告诉我床位在哪儿，教我鞋子要怎么摆，被子枕头要怎么放……当时我心里就一个念头：噢！我的天！为什么宿舍会有这么多的扣分细节？为什么我的舍友看起来这么的“高贵冷艳”？为什么我有种以后不好过了的感觉？

但时隔一年再回想，觉得那时候的我们还挺好笑的。原来第一天我们都把对方当成了难以相处的舍友，但是来的第一天晚上大家就聊开了。各自做自我介绍，互相留电话，聊学校、聊八卦，总之聊得很多。然后我们都赞成的一句话就是：人不需要交太多的朋友，真心的朋友交几个就够了——所以就是这句话让我们一直团结互助到现在的吗？也许是吧。我们舍友之间也有过很多小矛盾，不过说来也好笑。我们都有把对方惹毛了的时候，但是一旦对方生气我们就会一直道歉：传纸条、发信息、面对面摆出各种表示“我已面壁思过，所以你今天必须要原谅我”的姿态。

有可能是文科班的原因吧，女生多，大家都按宿舍分成了一个个的小团体。我们的宿舍也一样，每个人都是团体中不可或缺的一部分。我们由素不相识到打打闹闹，都是在宿舍培养的感情。每个人都让人感觉很温暖，每当我们中有人有困难，大家都会全力帮助，从不推辞。难过时，就会有人在旁边静静陪着，小声安慰。生病了有人陪着去看病，帮着擦药。我们还会偷偷开小夜灯，开“卧谈会”，讲讲鬼故事，哼哼歌，互损。印象最深的是，有一次，我们就连调空调温度都能扯到微信摇色子上去。我发现我以前所有的担心都是多余的。

有人说人生是一个漫长的旅程，在旅程中会有许多的驿站，而宿舍就是其中一个。宿舍是我们住宿生的第二个家，在这个家里，我们虽然是没有血缘关系的亲人，但经得起别人的离间，经得起时间的考验。难过时躲在被窝里哭时，用过别人悄悄递来的纸巾，得到过温暖的拥抱，饿的时候吃过那些让人心暖的小零食。

这就是我们的宿舍，我们共同拥有的家。在这里我们是朋友，有关怀、有感动、有温馨、有友情等的凝结，有盛开的玫瑰花，有甜蜜的泪水，有清晨的甘露，有阳光的照射，这一切，有爱……也许，随着时间的推移，两年后我们就不能再生活在一起了，但我相信每个人都会记着这里曾经发生的点点滴滴，直到永远永远……

所以，我们现在要珍惜在宿舍的每一时、每一刻、每一秒，这样我们才不会让自己后悔。

（指导教师：刘昌）

◎《宿舍是我家》周刊栏目——妙笔生花

致自己

高二（3）班 徐楠

信仰是一棵大树，无依无靠的藤蔓依附着它，这棵大树有多高，藤蔓就能长多高。

精神寄托渐渐成为我们生活的一部分。我们可以通过信仰得到精神上的满足，也会依信仰决定生活方式和人生方向。我相信，每一个人都需要正确的信仰。

给自己一些信仰，当你迷惘的时候，它是黑暗中的一只萤火虫，一闪一闪的微光虽比不上阳光的耀眼，却比阳光更温暖。它不能为人创造希望，却能让人萌生希望；它不能为你指明人生迷宫的出口，却能让你在黑暗中无所畏惧。萤火虫的生命虽然短暂，但它给过你的感动却总是在心中闪烁。信仰能做的就是和萤火虫一样，让你在迷惘的时候，有方向，有希望。

给自己一些信仰，当你沮丧懈怠的时候，它是一双隐形的翅膀。即使它不一定是最美的一双，却是强大的一双，它能带着你飞向梦中的桃花源，带着你在梦想的天空中展翅高飞。当你受到挫折的时候，它会带你领略高处的优美风景；当你经历风雨的时候，它会让你坚定不动摇。只要有信仰，梦想再遥远，都不是难题。

给自己一些信仰，当你没有目标的时候，它是指路的明灯。它会让你拥有远大的理想和实现理想的勇气，会让你一步步坚持下去。有了它，目标就会越来越近；有了它，目标之路再坎坷，也阻挡不了你前进的脚步，它不能为你创造奇迹，却能帮你创造奇迹。

你应该像藤蔓那样，依附着某些东西茁壮成长。你要拥有正确的信仰，只有这样，无所依靠的藤蔓才能长得更加茁壮。

《宿舍是我家》周刊编辑部心得体会

高二（12）班　柯泽涛

时间总在不知不觉中流逝，转眼间，我已经在《宿舍是我家》周刊编辑部同大家共同奋战一年了。在这一年里，有着数不尽的辛劳，但收获更多的是喜悦。

说起加入编辑部，那是一次偶然的机会。高一下学期刚开学时，编辑部正在招募编委，而想要充实高中生活的我，在一番犹豫后，毅然加入了编辑部。在编辑部的第一场会议上，老师说了一句话："编辑部从不缺人"。话音落下，我随之环顾四周，编辑部的编委比起其他社团可不算多，可能是宣传不到位，毕竟加入编辑部之前，我都不知道校内有这么一个编辑部。我心想，这老师真是好狂傲。但在编辑部呆了一段时间后，我意识到了老师的这份"狂傲"之下可是有着十足的底气。编辑部招收编委不看数量，而是注重质量。在老师的带领下，编辑部每位编委的办事效率可谓极高，一向拖拉的我也不由自主地被带动起来，让原本有些无所事事的高中生活一下子充实起来了。可能是因为办事效率高了，学习成绩也一直稳步提升。若是再一次选择，我想我不会再犹豫不决，而是毫不犹豫地加入编辑部。

感谢编辑部给予我提升自我的机会、展现自我的平台。我忘不了过去所经历的点点滴滴，大家的肯定与赞许都将成为我未来道路的无尽动力。

学弟学妹们，《宿舍是我家》周刊编辑部一年一届的招募新成员又开始了，如果你想找个平台提升自己的学习、管理、统筹等方面的能力，不妨去报名试一试，你会发现这个决定是对的。

◎《宿舍是我家》周刊栏目——五星宿舍感言

2213创星宿舍感言

2213宿舍全体同学

对于我们2213宿舍获得"五星宿舍"，我们全体舍员非常感谢我们的生活老师杨欣，感谢她一直不断地鼓励我们，耐心地引导我们。对于2213宿舍，我们宿舍六人都有一种幸福的归属感，它不仅是我们高中生活栖身的住所，更是我们的精神寄托。这里的温暖、友爱、欢乐让我们有着家一样的感受。在此，我们在这里跟大家分享一下我们获得“五星宿舍”的经过和方法。

原来我们宿舍并没有获得过“星级宿舍”，每次都是因为一点不足而只获得“优秀宿舍”，主要是不太注意细节，门槽、床底总是没有清理彻底。为此，我们开始注重细节，合理分工，积极大扫除，不敷衍，尽量减少周一值日舍友的负担。

要想获得“五星宿舍”，首先，我们要合理安排打扫工作，安排好值日表，这样才不会有所遗漏。其次，我们要学会团结，要对宿舍有一种归属感，把它当成自己的家去对待，这样才能用心去争创“五星宿舍”。再次，我们要坚持不懈，不能因为扣分就放弃“星级宿舍”的目标，要越挫越勇，并在扣分后寻找原因，力争下次不再犯同样的错误。最后，自己负责的区域要自己管理好，不应该为当天的值日生增添负担，比如，桶、拖鞋、毛巾、床头柜等都要收拾好。在这个小家里，我们一同欢笑，一同成长，一同努力。在今后的日子里，我们会继续努力，做到没有最好，只有更好，为我们的小家奋斗。我们都爱着这个小家！

我们的宿舍，我们的家

高三（1）班　佚　名

当我们各自离开了温室般的家，住进这间狭小的宿舍，就如同还不会飞翔的雏鸟，离开了母亲的怀抱，新抽枝芽的小苗，没有了大树的遮蔽，蹒跚学步的幼儿，缺少了父亲的臂膀，在这里，一切都要靠自己。而同室的舍友就像老人手中的拐杖，相互支撑，相互扶持，少了一些磕磕碰碰，多了一份深刻而温馨的友情。

你从宿舍楼下往上看，三楼的第五个透出暖色灯光的窗子，便是我们2327宿舍。多少次，当狂风暴雨肆虐时，我们小小的宿舍里充满了欢声笑语；多少次，灯光熄灭后，我们在那片醉人的寂静中安然入睡。我们朝夕与共、悲喜与共、荣辱与共，一点一滴都演化成永不回头的青春时光。我们的青春因相遇而变得更加美丽。

当我们相遇，生活便发生了微妙的变化。经过两年的相处磨合，我们更有默契了，都努力朝着“五星宿舍”迈进。我们五个人从好久前就开始念叨着要拿到“五星宿舍”这个头衔，经过不懈的努力，最终如愿以偿，成了“五星级免检宿舍”。

高三了，现在的我们风华正茂，斗志昂扬，教室里有我们拼搏的身影，操场上有我们挥洒的汗水，而这小小的宿舍里有我们爱的温暖。我们爱宿舍，爱舍友。正是这份爱给予我们为宿舍奋斗、争光的动力。

我们在青春少年最忙碌的一年里，仍为宿舍荣誉尽一己之力。这里是我们的小家，有如同亲人般的舍友，宿舍的每个成员都是这个家的“护花使者”，捍卫着我们的土地与荣誉，并让我们成为校园“宿舍界”里一颗闪亮的新星。

“五星宿舍”感言

高一（1）班 佚名

送走了秋天的落叶，迎来了冬日的暖阳。不知不觉中我们在三高已经度过了大半个学期。还记得刚刚开学的时候，我们用好奇的眼光，带着忐忑的心情，踏进了这个将要和我们度过三年时光的宿舍。就这样，我们的宿舍生活开始了。

当我们从老师口中第一次听到“五星宿舍”这个荣誉称号时，我们就想要力争这个荣誉称号。理想是简单的，但过程是那么的漫长。“宝剑锋从磨砺出，梅花香自苦寒来”，经过几个月的努力后，我们终于拿到了“五星宿舍”的称号。

我刚开始接触这些条文规定的时候，顿时感觉脑袋一大，因为我从前在家里一直过着“衣来伸手，饭来张口”的生活，突然之间被要求独立管理好自己，以至于我们总是做不好。而且做不好的地方总会出现两三次的差错，所以2404的宿舍号也频繁地出现在白板上。通过我们共同努力和在生活老师的点拨下，作为宿舍长的我，渐渐地明白了要如何带领舍友们一起创建干净整洁的宿舍，来赢得这个荣誉称号。

在拿到一星的时候，我们因为过于骄傲，与二星失之交臂。之后，我们更加严格地要求自己。每天听到起床铃声后，我们都会立马从床上爬起来，偶尔有人想睡懒觉，也不能大发慈悲地原谅她，会强行把她拉起来。刷牙之后，每个人都被分配了各自的值日工排：看看地板有没有头发，被子有没有皱褶，牙刷有没有摆放整齐……日子一天天过去，我们不再被这简短的时间束缚，不再感到时间的紧缩，做得也越来越得心应手，时间也变得越来越充裕。虽然我们现在已经拿到了“五星宿舍”这个荣誉称号，但是我们并不会因此而骄傲，我们仍会像从前那样，用最饱满的热情来保持宿舍的干净整洁。

2404，加油！

活动反思和总结

宿舍周刊自创刊以来，不仅提供给学生一个自主、学习创新的平台，也给教师提供了一个自我提升的平台。《宿舍是我家》周刊编辑部开展了各项活动，不仅丰富了学生的宿舍生活，提升了学生的个人生活素养，还为学校的校园文化建设提供了力量，创建了丰富多彩、和谐向上的宿舍文化。虽然各项活动有不足之处，但是这些活动中都深刻地包含着学生成长的历程。

第六节　星级宿舍

活动背景

在三高生活素养课题组的带领下，营造整洁明亮、和谐温馨的宿舍文化氛围，以提高学生宿舍之间的凝聚力和创新力，增进宿舍成员之间的友谊，提高学生生活素养为前提，创建星级宿舍。

活动目的

构建“宿舍是我家”的思想理念，提升学生生活素养，培养学生的协作意识。

活动思路

由学生处、生活素养课题组、生活部联合组织评选星级宿舍的活动，根据学生每日宿舍生活实际情况进行量化考核，评出星级宿舍，督促学生提高个人生活质量。

前期准备

1. 召开学生动员大会。

2. 制订颁布学生宿舍常规量化考核标准。

3. 召开评委会议、统一标准。

4. 准备活动纪念品、荣誉证书。

活动过程

环节一：对评委进行培训。

1. 熟悉、掌握学生常规量化考核标准。

2. 熟悉、掌握评比程序。

环节二：评比过程。

1. 评比时间：周一至周五。

2. 评比单位：以宿舍为单位。

3. 执行内容：每日的上午、下午按评比标准填写量化表格。

4. 评比结果：以楼层为单位，统计每间宿舍的得分，统一上报生活部并进行汇总。

环节三：授予星级宿舍称号。

1. 根据学生宿舍量化考核标准，对符合评选标准的星级宿舍进行汇总统计。

2. 周一在各楼层白板公布名单。

3. 授予星级宿舍荣誉称号，最高授予“五星免检宿舍”。

4. 活动合影留念，并在生活部存档。

活动剪影

星级宿舍内务——床铺

星级宿舍内务——牙具架

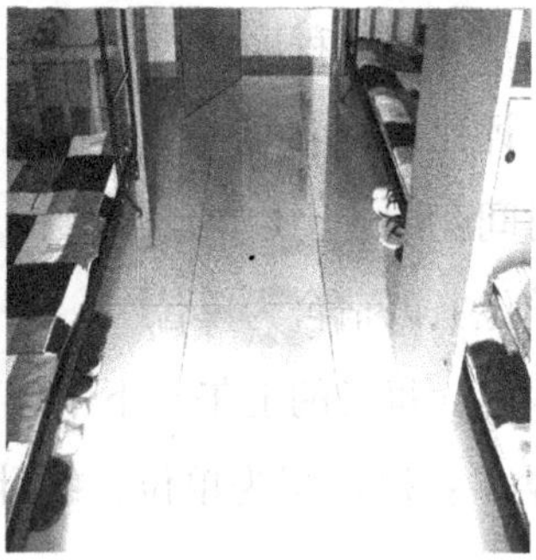

星级宿舍内务——毛巾架、地面一角

学有所获

不定项选择题

1. 星级宿舍的创建过程体现了学生之间的________精神。

   A. 团结合作　　B. 关心友爱　　C. 互相推诿　　D. 互相帮助

2. 下面哪些成语可以用来形容宿舍的干净整洁？________

   A. 窗明几净　　B. 井井有条　　C. 一尘不染　　D. 有条不紊

活动效果反馈

获“五星宿舍”称号感言

3211宿舍长 曾浩钧

一个小小的空间，一个曾经极其陌生的空间，转眼间成了我们的第二个家。我们由不曾相识的同学变成了相互依赖、相互包容的舍友，每一位舍友都开始重视宿舍卫生，我们踏上了“五星宿舍”的路……

作为宿舍长，我想谈谈我的感受。大概很多人都认为“五星宿舍”很难获得，但我并不觉得，我倒是有些鄙夷那些不屑于一周必须扣几次分的人，因为这些人大多不是做得不好，而是不去理会。如果没记错的话我记得我们楼层经常有人忘记收拾插线板。像这种把手机视为重要之物，插线板却不去理会的行为真是让人难以认同。

重复的扣分点是让人恼怒的。高二的学长时常告诉我，想要得到“五星宿舍”非一日之功，想必我们宿舍成员中肯定有粗心的人，必须是经过一段时间才能获得五星称号。的确，仅是“衣服乱放在床上”就被扣了两次分。若要做到“五星宿舍”，扣分大概是不可避免的。不过只要做到扣过分的地方不再扣，扣的次数多了，也就没什么好扣分的地方了，也就可以成为“五星宿舍”了。在此之后我就把所扣过分的地方写在了一张纸条上，以便起警示作用。回想起来这几周过得倒是很轻松，再也没有一开始那种着急的心理了，做事从容多了。

我不记得我是何时学会把被子叠好的，我只记得花了很久的时间才研究出质量较高的叠被子方法。说实话，叠被子花了我很长时间，但这说明被子叠得好不好与智力无关，关键是是否勤快，叠不好被子的同学可以试着多叠几次。我们宿舍所有成员对于叠被子都有所改善，毫不勉强地说就是多叠几次即可叠得很好。

至于宿舍的纪律，是很重要的。我们晚上的时间虽说不能控制得很好，但至少很少讲话，玩手机，这主要是在开学期间就养成了很好的习惯。睡眠是很重要的，所以我们宿舍六个人都很反对有人在晚上讲话或是开小夜灯，这样会严重影响睡眠。

作为男生，地板脏就会觉得烦躁，大概没几个人会这样吧？我们宿舍的地板一到晚上就会变得很脏。在睡前拖地，倒是不错的办法，还减轻了第二天的负担。

还有一个很难处理的地方——物品摆放的架子。在这里，作为宿舍长的我可是想了很多摆法，要做到既美观又有层次感，还要方便，是很难的。我的做法有些局限性：将大件的如洗衣液放在最里层，口朝右，最外层的物品一定要正面朝前。这样既有层次又美观，也比横放好，即使随便放也不会太乱。

对于阳台，我们可能需要花点时间去整理清洁。细节上要做到以下几点：①阳台要擦干净，洗手台也要擦干净；②地板污垢要用纸巾擦干净；③工具位置要摆放好。

我曾经拖着沉重的箱子，不情愿地走进高中；也曾经在同学的不舍中，转入新的班级；也曾经在听见搬宿舍的消息后，无奈而又不舍。最后，在此我对生活老师的悉心指导表示衷心的感谢。

五星宿舍感想

高一（10）班　2428宿舍　李　嵘

就这么一晃眼，已经在一起生活了四个月。我们六个均来自不同的地方，从素不相识，到现在的调侃打闹。我很庆幸，你们都是那么可爱，那么独一无二，那么好相处，没有为鸡毛蒜皮的小事吵架，是你们让我感受到了独自在外的另一种家的温暖。

这是我第一次离开父母独自生活那么长时间，当然我还要这样生活很久，我很高兴，你们没有给我的初次体验留下阴影。在那间小小的宿舍，回忆都是温暖的。

还记得，我第一次拖着行李推开2428宿舍门时给我的第一印象是：这宿舍真小。可是当我看到一个面容友善的女孩回过头对我甜甜地微笑时，一切对宿舍的偏见都消失不见了。后来你们相继来到了2428，我们没有任何隔阂地介绍自己，很快就嬉闹在了一起，并且相邀共用午餐。我是真的感觉到了那间只有十几平方米的小小宿舍散发着令人暖心的美丽。

自从我们知道了有“五星级宿舍”这一回事，都纷纷笑言要成为班上第一个拿到这个称号的宿舍。作为理科班的女生，总会比文科班的姓少几分细腻，但理科班的我们同样可以拥有这个称号。

开始的几周，我们宿舍的编号总会因为各种原因出现在楼梯口的白板上：被子宽、洗手台脏、地板不干净……毫无头绪的我们只能每天积极改正这些缺点，尽可能地做得更好。后来，听说班里的男生宿舍已经有一个宿舍即将成为“五星宿舍”了，我们就像受了刺激似的，一咬牙，决定拼命也要赶上他们。于是开始了长达六周的艰苦奋斗，并且在生活中，我们都积极乐观地面对困难，我们会一起想办法解决。因此，宿舍里形成了一种互帮互助的良好氛围，这也有利于我们在今后走向社会时，让别人感受到我们内心的真诚。

我们依然会睡到铃声响起才起床，但是从不会耽误打扫。开始的两三周，我们每天心惊胆战地过日子。每次接近楼梯口，都会心跳加速，当看见白板上优秀宿舍后面跟着2428，我们会欢呼击掌。后来随着慢慢的坚持，开始的负担奇妙地不见了，一切都好像都成了日常，努力打扫卫生不再是为了成为“五星级宿舍”，而是让2428这个家一直光鲜亮丽……

一缕缕阳光袭入这方小小的空间，照亮了每一个黑暗的角落。弥漫宿舍的清新剂的芬芳似乎也在发光。这一刹那，欢颜笑语，注定会长存于脑海，随着时光波动。

2428，感谢有你，一起成长。

五星宿舍体会

高一（1）班　3141宿舍　佚 名

水滴石穿，非一日之功；冰冻三尺，非一日之寒。

——题记

生活如同一次漫长的旅途，在这漫长的旅途中将路过这样或那样的风景，而留下的每个足迹，也将成为人生中难忘的好景。而在3141宿舍这里我们收获了对自己意义非凡的果实——获得“五星免检宿舍”的荣誉称号。

记得在半年前，我们刚进这所学校，有的只是陌生和无知，对周围的一切也很好奇，想要在这个即将要待三年的校园的每个角落，留下自己的足迹。在这里，我们第一次过寄宿生活。我们对没有经验的事情还很懵懂，不知该如何计划生活，以为这是一次艰难的考验，但我们遇见了生活老师。当我们遇到困难时，便会寻求生活老师的帮助。老师似乎变成了我们在学校、在宿舍唯一的依靠。

初到这里，老师便给我讲了“五星宿舍”这个概念，这是集体的荣誉，也是优秀的象征。当老师介绍往届“五星宿舍”成员上了本科以及重本的比例后，我们便开始向往，向往着成为这优秀集体中的一员，接着我们便在不断的努力中度过时光。

起初，宿舍的成员都迫不及待地想获得这个荣誉称号，我们一起努力了一周又一周，但后来我们发现，这并不是我们想象得那么简单，这是一个需要积累经验才能最后取得成功的漫长的过程。途中，我们有过隔阂、有过争执、有过不负责任地推卸一些属于自己的职责，但后来都被我们化解了。我们有一个共识，要得到这个荣誉，必须团结一致。接着我们一起面对困难，并制订了一些有帮助的规定，我们一起讨论如何才能成功。

时间很快过去了，功夫不负有心人，现在，我们终于成了这个荣誉集体中的一员。我们欢呼，我们暗暗自喜，同时也有些懈怠，但我们清楚地知道，只有坚持到最后才能获得成功的果实。我们在老师的帮助下，在宿舍成员间互相的鼓励下，终于成功了。

虽然我们已经达到了目标，但我们仍会像从前那样严格地要求自己，成为优秀学生中的一员。最后，谢谢老师对我们的关注和帮助，我们必定会一直坚持下去，直到我们毕业。

五星之路

高一（2）班　3282宿舍　温思婷

“五星宿舍”是一个宿舍光荣的称号，每个宿舍都在为此不断努力奋斗，我们3282宿舍也是如此。开学第一天我们便了解了“五星宿舍”：卫生好、习惯好、学习好，获得“五星宿舍”后上本科更是贯穿了我们整个思想。我当时就在想，有一天我也要带着我们宿舍一起拿到“五星宿舍”的荣誉称号。

第一学期，我们有很多的不足，基本上天天都被扣分，不是被子没叠好就是地上有头发或者床铺收拾得不整齐。大概是刚住宿，大家对宿舍都还不习惯，总是会看到我们宿舍的编号出现在楼层的白板上。由于经常被扣分，后来我们制订了一个惩罚规则——被扣分的人要交宿舍费，还专门买了一个储钱罐来装，果然有效果。到了后半学期我们被扣分渐渐少了，每个星期会偶尔有一两个扣分，然后我们就成了每周的优秀宿舍。别的宿舍都拿五星了我们还是优秀，说到底还是要求不够严格。

这学期生活老师说我们可以申请创建“五星宿舍”了，但是被子一定要叠过关，不过关“五星宿舍”就不用想了。我们开始很早起床，被子叠了拆，拆了又叠。这让我很崩溃，老是叠不出棱角。宿舍里有人也干脆不叠了，找人叠了一个合格的就再也不拆了，就算冷也不盖。我们想过放弃，太难了，根本叠不好，但是坚持了这么久怎么能说放弃就放弃呢。于是，我们继续坚持，直到后来把被子叠出棱角成了习惯。早上也不像之前那样要起那么早，每周都会定期大扫除，偶尔节假日宿舍还会用之前的宿舍费办party。大家都在努力，而我们做得越来越好。

转眼间六周过去了，希望接下来的审核能够顺利通过。

3282，加油！

活动反思和总结

通过星级宿舍活动，构建“宿舍是我家”的生活理念，为学生住宿生活营造了良好的生活氛围，提高了寄宿学生的生活质量，为学生学习提供了良好的保障。该活动的开展更为学生个人生活素养的提升奠定了基础，形成了三高星级宿舍文化模式。

第七节　民主恳谈会

活动背景

建设具有三高特色的校园文化、宿舍文化，开展生活素养好课程系列活动，提升寄宿学生的生活自理能力，促使学生养成独立生活的习惯，提高学生的生活素养意识，促进学生健康成长。

活动目的

为了提高宿舍文化内涵、提升学生的个人生活素养，我们开展了五星宿舍恳谈交流活动。

活动思路

通过五星宿舍学生代表发言，师生对话交流，树立星级榜样，完善星级宿舍文化建设，让学生更深层次地了解宿舍生活，提高学生的生活素养意识，促进学生快乐健康成长。

前期准备

1. 场地准备、签到表制作。

2. 班级推荐学生代表、准备民主恳谈问题。

3. 邀请学校相关领导。

4. 视频直播准备。

活动过程

环节一：发言。

1. 会议主持人针对生活素养进行发言。

2. 特邀学生代表发言。

3. 施昌赛发言。

4. 刘伟发言。

5. 钟国良主任发言。

6. 副校长发言。

环节二：师生交流。

环节三：会议结束，安排学生有序退场。

活动剪影

八栋西三楼第一会议室（8316室对面）座位示意图（合计63个座位）																
					北（21个座位）											
					10	9	8	7	6	5	4	3	2	1		
				11	10	9	8	7	6	5	4	3	2	1		
		1														
	1	2														
西	2	3	1												1	东
（17个	3	4	2												2	（3个
座位）	4	5	3												3	座位）
	5	6														
	6	7														
		8														
				11	10	9	8	7	6	5	4	3	2	1		
				11	10	9	8	7	6	5	4	3	2	1		
					南（22个座位）											

五星座谈会活动座位示意图

教师主持

学生对话

活动现场（一）

活动现场（二）

学有所获

不定项选择题

1. 交流沟通是个体融入社会的一项重要技能。人们在陌生场合发言时，可能经常出现________的情况。

A. 紧张　　B. 忘词　　C. 讲错话　　D. 卡顿

2. 解决沟通问题的方式有多种，________方式是日常工作与生活中常用的。

A. 沟通　　B. 交流　　C. 武力　　D. 合作

3. 在谈话交流的过程中，若要自己的观点与诉求被理解、接纳，需要注意谈话时的________。

A. 语气　　B. 态度　　C. 礼貌　　D. 表现

活动效果反馈

细心、团结、坚持

高二（1）班　沈晓芬

我能够作为2322宿舍的代表参加这次会议，感到很荣幸，同时也让我受益匪浅。

高三学长的参加让我很感动。高三学业繁重，每天都是争分夺秒，学长还能抽出时间来与我们分享宿舍生活的点滴，实在很难得。学长的话，让我想到了“细心”二字。有些人觉得不用关注细节，其实这些人是在逃避。“细节决定成败”，宿舍生活就是培养我们细心的好老师。高中生活学习固然重要，但是宿舍生活同样重要，这两者是相辅相成的。宿舍生活中培养的好习惯会在学习上给予你巨大的帮助。做事认真细心，这些好的习惯可能伴随你的一生。

听到高二宿舍长的发言，我又想到了两个字——“团结”。“五星宿舍”就是宿舍内部团结的标志。听着他们获取“五星宿舍”的心酸历程，我为他们高兴，也为我们自己高兴。相对于他们，我们没有那样的“长途跋涉”“过关斩将”，显得较轻松，并不是我们觉得获得“五星宿舍”很容易，而是我们一开始就抱着不容易的心态去争取。宿舍的每个成员都很重视，我们比别的宿舍更加努力。我想这就是团队意识，这就是团队力量。

听到高一学妹的分享，我感到有点自愧不如。她是一个很细心的宿舍长，不放过任何一个细节。她会虚心请教学姐如何整理内务，她还自己研究怎样才能做得更好。她有自己的小窍门，是一个认真踏实、乐于助人的同学，我很欣赏她的态度，她是我学习的好榜样。正所谓“长江后浪推前浪”“青，取之于蓝，而青于蓝”“态度决定一切”，你有着什么样的态度就会有什么样的作为。

虽然我们宿舍已经是“五星宿舍”，但并不代表我们以后可以随心所欲。坚持才是硬道理，一瞬间的美丽并不是真正的美，永恒不朽才是真正的美。

已经获得“五星宿舍”的宿舍不要懈怠，还没有获得“五星宿舍”的宿舍不要气馁，准“五星宿舍”的宿舍不要放弃。让我们一起进步，加油！

五星感言

高二（11）班　2432宿舍　黄丽澄

“宿舍是我家，文明靠大家。”最初听到这句话时的我们是不屑的：“切，又是老掉牙的口号，没意思。”但随着我们待在宿舍的时间越来越长，与舍友的接触越来越多，我们渐渐明白了这句话的意义，并深深为之触动。这一个“老掉牙”的口号改变了我们的观念并成为我们宿舍的基本法则。这个过程犹如破茧成蝶。

这段时间我们学会了很多，从简单地将被子叠起，到严格地审视自己的被子叠得是否符合标准——整齐平整、长度适当、没有褶皱。我们学会了做事讲究完美：每当到自己值日，不忘在离开时关闭电器，洗漱用品摆放整齐到位，清洁地板使之干净。我们学会了做事的细腻：每天将自己的床头柜整理干净，鞋子摆放到位，不在阳台等不易清理的地方梳头发。我们学会了不给他人（值日生）添麻烦。每天合理安排作息时间，我们学会了把握时间。不难看出，在宿舍中休息的我们为了这“文明”二字锻炼出了许多能力，因为这“文明”二字我们六颗心渐渐靠拢。

多一份安宁，少一份喧哗。在晚休时，我们曾犯过讲小话的错误。那时的我们出自个人的自私，并未顾及其他休息的人，只管自己聊得开心。我们也曾在晚休时玩手机，导致白天上课打瞌睡。这些“微不足道”的小事，其实更体现了一个人的素质与价值观。庆幸的是，我们改正了这些错误。

随着时间的推移，我们慢慢融入了宿舍的生活，宿舍渐渐被欢声笑语所充斥。我们越来越熟悉彼此，我们之间越来越有默契，终于我们的心紧紧地靠拢在一起了！

"五星宿舍"并不是靠个人的努力就能获得的，这需要全体宿舍成员的坚持和团结努力。高一刚开学，我们2432全体舍员就下定决心，一定要拿下"五星宿舍"。在向着"五星宿舍"前进的过程中没有一个人说这样的话——"好累啊，成为五星宿舍有什么用，你们自己弄吧，我不参与了"。我们没被扣分时一起开心，被扣分了也不责怪任何一个人，而是一起寻找原因。我想，这是我们2432全体成员所独有的精神，也是我们能顺利得到"五星宿舍"的原因。这种精神使我们相处融洽。每当其他宿舍的同学向我们抱怨他们的舍友很难相处，宿舍氛围不佳时，我们就在心中庆幸：还好是你们！

"五星宿舍"是一个多么让人自豪的称号。其实获得这个称号并不困难，只要每个人心中都想让自己的宿舍成为"五星免检宿舍"并为之努力就会成功。我们获得这个称号后，并不会因此懈怠。我们会保持这种精神，不断锻炼自己。这种精神让我们在步入社会时应该也会有所感触，因为宿舍既是家也是社会的投影。

"宿舍是我家，文明靠大家。"言有尽，而意无穷也。

"五星宿舍"座谈会感言

高一（8）班　2221宿舍　袁佩玲

就在这个星期一，我校由生活部主办的"五星宿舍"恳谈会拉开了帷幕。在大会上，有学校的领导，有生活老师，还有来自高一、高二、高三的"五星宿舍"代表发言。参加会议的还有众多的"五星宿舍"代表和准"五星宿舍"的代表，而我就是其中一员。

很感谢发言的代表们教给我们很多道理和方法，宿舍有恳谈会上提到的需要改进的地方，也及时做出了改进，比如，毛巾长度问题，其中有一位高一的"五星宿舍"代表就提到了这个问题。她说毛巾太长放在一起，毛巾边就会扎堆。她教了一个方法，就是在毛巾的边上折一下再整理，这样就会好很多。我很认同她说的方法，因为我们宿舍就有这样的问题，但是这么久以来，我都没有想到有什么好办法可以解决这个问题。恳谈会结束后，我回到宿舍，立马做出了整改。还有唯一的一位高三"五星宿舍"代表给我的印象很深刻。在他发言的时候，我能感受到他强大的气场，他一直强调，得五星后不能就此懈怠，反而要更加努力，要更加认真地去整理内务，要一直坚持下去，但是要坚持三年很难，所以我们宿舍的每一位成员都必须心连心，团结一致，严守“五星免检宿舍”这一荣誉称号。2221这间小小的宿舍成了我们在三高的家，这里既是我们共同学习生活的场所，也是我们疲惫时心灵的栖息地。我们有责任和义务让我们的家变得更加舒适、整洁，共同爱护它是我们一致的心愿。

舒适、整洁的寝室是我们学习生活的良好的物质基础，在这样整洁的寝室中我们才能拥有好心情，才能更轻松地投入学习中。“家”的整洁非一人之力所能，而是我们宿舍全体成员共同努力的结果。刚来的时候，我们制订了值日表，将每天打扫宿舍的任务平均分配到每个人身上。每当看着干净整洁的宿舍，我们的心里都会充满着劳动的快乐。每一次检查得优，我们都无比喜悦，因为那是对我们的努力的积极肯定，使我们有动力为创造更加美好的宿舍环境而不断努力。感谢宿舍的每一位成员尽心尽力地打造美好的宿舍，也感谢这次恳谈会上各位代表提供的一些方法和经验交流。过了一个学期，我现在特别认同一句话“斯是陋室，惟吾德馨”。

“五星宿舍”恳谈会想法及看法：这次恳谈会让我对整个宿舍整理内务的方法有了一个深刻的认识，还让我明白了我们要一直坚持下去，不能有丝毫的懈怠，只有打赢这场持久战才是真正的赢家。

五星座谈会活动感言

高一（11）班　2230宿舍　林嘉玟

我很荣幸能代表2230这个准“五星宿舍”出席“争创‘五星宿舍’，提升宿舍文化内涵”恳谈会。这次会议邀请了很多“前辈”，也就是比我们早拿到“五星宿舍”的学长，当然不乏我们年级的其他人，他们都是来交流经验的。

我发现有一个宿舍的值日表和我们宿舍的如出一辙，每个人都有各自负责的区域，比如桶摆放区，洗漱用具摆放区等，然后拖地就是一人一天，宿舍长负责阳台。我百思不得其解，为什么一样的规章制度，一样的生活老师，一样的宿舍，她们就能成为二号楼二楼的第一间“五星宿舍”呢？后来她开始说一些细节：虽然是一人负责一天，但宿舍长与值日生“同存亡，共进退”，在值日生值日完毕后，宿舍长会留下来检查宿舍内务。毫无例外，她们开始几个星期也常常会因为纪律扣分，熄灯前讨论得太忘我，以至于熄灯后还在讲话。为了避免这种情况，她们几番商讨后选出了一位宿舍纪律管理员，专门负责提醒舍友时间，熄灯后就停止了一切活动，从而向“五星宿舍”迈进。

还有一位宿舍长，他将每天值日需要注意的事情一件件地写下来，然后做成一个表格。每天值日生都按照那个表格一项项核对，直至全部合格才算完成值日，才能离开。我想这也是一个好办法，智者千虑，必有一失，谁能够做到完美呢，还是谨慎些好，莫因为细节而前功尽弃。

“宿舍高考路”，高二（1）班2331的宿舍长将获得“五星宿舍”之路比喻成了高考之路，“路漫漫其修远兮，吾将上下而求索”。她们与我们一样，一开始都对“五星宿舍”十分憧憬但经过一次又一次的挫折以后，她们迷惘过、抱怨过，也放弃过，可是如果就这样轻易放弃，如何对得起心中那个骄傲的自己？如何对得起初入学时懵懂年少的我们？她们选择了坚持，虽然她们是高二（1）班最后一个“五星宿舍”，但她们问心无愧，她们实现了自己最初的梦想。如果骄傲没被现实大海冷冷拍下，又怎会懂得，要有多努力才走到远方。如果梦想不曾坠落悬崖，千钧一发，又怎会晓得，执着的人，拥有隐形的翅膀。

有位学长将长远的目标细分成了几个小点：①团结；②要有荣誉感；③坚持；④努力。“天将降大任于斯人也，必先苦其心志，劳其筋骨，饿其体肤，空乏其身，行拂乱其所为，所以动心忍性，增益其所不能。”只要你做到以上几点，相信五星之路距离你并不遥远。

通过这次会议，我明白了和学长相比，我们还稍显稚嫩，虽然做了很多，但相对于他们而言，这还远远不够，我们要做得还有很多……

“五星宿舍”恳谈会看法和想法：虽然我们为获得“五星宿舍”付出了很多努力，但与学长相比仅只是九牛一毛，我们会紧紧跟随学长的步伐，从细节做起，争创“五星宿舍”！

宿舍生活中那些改变我们的东西

——“五星宿舍”恳谈会有感

高一（2）班　3289宿舍　周咏琪

“不管一个人多么有才能，但是集体常常比他更聪明，更有力。”奥斯特洛夫斯基的这句名言，虽然只是短短的一句话，但它却因为呼应了我在“五星宿舍”恳谈会上的所见所闻，而格外触动我的内心。

在宿舍生活中，或者说是在一切的集体生活中，“团结”这个老生常谈到有些“俗”的词语却永远是不二的圣典。因为一个宿舍的整洁与良好的氛围从来都不是一件靠一个人就能完成的事。把来自五湖四海的学生个体汇聚成一个真正和谐的宿舍整体，是一件多么不容易的事情！记得在恳谈会上有个男生述说了他们争创“五星宿舍”的痛苦经历，常常是在漫长的努力过后，在最紧要的关头，总会因为某一个人或者某一个疏漏的地方而前功尽弃。是的，这种情况我想绝对不是个例，惭愧的是，我就常常是我们宿舍做“坏事”的那个人。但我想这也无疑表述了一个事实：在一个集体中，即使个人做得再好，其他任何一个人只要出了一点差错，那么这个集体得到的评价或许依然是“不合格”。而会议上的另外一位女同学则是一个很好的例子。她所在的宿舍是所在楼最先获得五星的高一宿舍，在那之后，她经常帮助其他宿舍的人，教她们如何叠好符合五星标准的被子。她的团结已经不仅仅局限在宿舍里了，而是扩大到了更大的范围。

宿舍生活，把此前素不相识的人聚集在一起的意义到底是什么呢？我思考过这个问题，而我初中班主任的一番话此时回想起来似乎正是这个问题的答案——“如果你连学校时代和别人同处一室都做不到，那你以后到社会时又该怎么办？因为与别人习性上的不合产生矛盾而彻底崩溃？或者只跟那些脾性相投的人相处？难道那时你还要别人像你的父母一样迁就你吗？凭什么呢？”而那个时候，我正因为军训时和二十多个陌生人睡一个大通铺，被低年级的女生们熄灯后仍然持续的窃窃私语声整得失眠难熬。在我忍无可忍对我的班主任抱怨时，她这样对我说道。当然，这并不是说我就应该完全忍耐的意思，错在她们，只是很多时候，你改变不了别人，而又要继续生活下去时，只能放低自己的要求。因此，一个团结的宿舍，必定是互相包容的，但并不是一味忍耐，因为每个人都在为对方做出牺牲，这是一种良性循环。因此，宿舍生活的一大意义便在于学会如何和他人相处。这是我们还未步入社会时做的提前演练。

说到恳谈会，我还想到一个词语——“坚持”。像我之前提到的那个男生，他的经历真可谓“屡战屡败，屡败屡战”了。最后，他还是凭着自己的努力如愿以偿了。“驽马十驾，功在不舍”，陀思妥耶夫斯基说过：“凡是新的事情在起头总是这样的。起初热心的人很多，而不久就冷淡下去，撒手不做了，因为他已经明白，不经过一番苦功是做不成的，而只有想做的人，才忍得过这番痛苦。”我相信开学时想达成五星愿望的人绝对不少，但像那个男生一样实现的并非全部，可能他们就并不是“真正想做的人”吧！不过更令人扼腕叹息的是，有人明明想做，明明可以做到，却在坚持的过程中放弃了。

或许过十几年，甚至不需要几年，我们在学校里所学的知识，我们曾经朝夕相处的伙伴们都会被渐渐遗忘在记忆的角落里，但在宿舍生活中，我们学到了在课本中不能学到的东西，却会深深地刻在骨子里，指引着我们前进……

活动反思和总结

本次师生交流活动，启发了学生对宿舍生活更深的思考，并对学生存在的一些思想问题进行引导，进一步加强学生生活素养建设，营造良好的宿舍文化生活氛围，为学生健康生活提供了交流的平台。

4

第四章

课外生活微电影

第一节　你眼中的微电影

活动背景

“微”既有“细小轻微”的意思，又有“精深奥妙”的解释，不得不说微博、微信、微视频等大行其道的生活在今天早已被打上了“微时代”的标签。如何培养学生的微生活，提升学生微生活素养，也成为学校教育者关注的问题。“生活微电影”系列活动是我校生活素养课题组整合校内、校外资源，针对学生的兴趣能力、校园生活等实际水平，通过教师引导、学生自主开展的一项具有开创性、综合性的活动。它整合了文学、艺术、科技、生活、实践等多学科的多方面课程资源，旨在构建我校生活以微电影鉴赏、评价、制作、分享等为内容的完整课程活动体系，进而提升我校学生生活素养。

活动目的

通过对具有代表性的学生佳作的欣赏，了解微电影的基本知识、发展，然后根据学生学习的兴趣，按不同角色分工、学习、实践，增强生活技能，丰富生活元素，提升学生生活素养。

活动思路

邀请微电影领域专业老师潘老师，开展我校学生处微电影入门活动，快速让学生了解微电影并能进行实际操作。

前期准备

1. 联系邀请潘老师，沟通活动开展内容。
2. 活动时间的安排、场所的准备。
3. 微电影活动宣传、招募学生和组织活动。

活动过程

环节一：具有代表性的学生佳作的欣赏。

组织学生入场签到，欣赏《电话里的妈妈》《感谢》《放心去飞》《校园描》等微电影。

三高生活微电影社学生报名名单

2017年

序号	班级	宿舍号	姓名	性别
1	高一（13）班	3380	胡孟窈	女
2	高二（4）班	3294	陈鹏安	女
3	高一（14）班	3434	孙兆逸	男
4	高一（16）班	3436	周远航	男
5	高一（12）班	3114	赵若凡	男
6	高二（14）班	3231	张志强	男
7	高二（4）班	3290	彭宝莹	女
8	高二（12）班	2234	李俊燕	女
9	高二（12）班	2237	陈伊洋	女
10	高二（11）班	2229	朱　雨	女
11	高二（11）班	2229	朱海琳	女
12	高二（3）班	3207	陈　昊	男
13	高二（7）班	3221	张振洲	男
14	高一（13）班	3534	吴杰琛	男
15	高一（13）班	3381	刘慧瑜	女
16	高一（13）班	3381	冉　月	女
17	高二（1）班	2106	胡　慧	女

你的作品听得懂吗?

纪实类专题片分为三类

一类作品看画面：电视作文（静默花开）

二类作品画面加声音（对白）《校园猫》

三类作品音乐、解说、贴画面、插采访

《秋天的旅程》1　《秋天的旅程》2

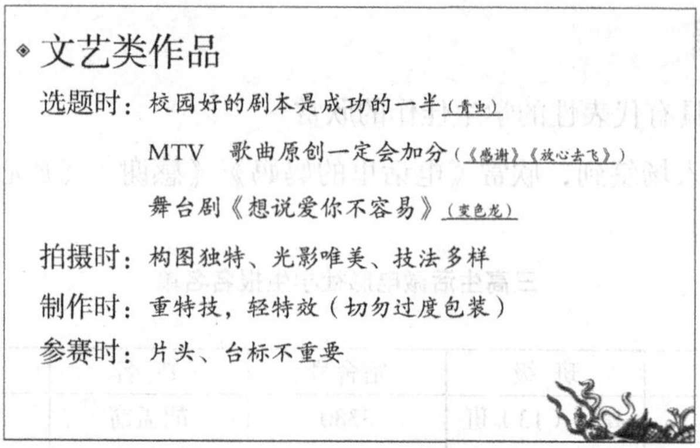
◈ 文艺类作品
选题时：校园好的剧本是成功的一半（青虫）
MTV　歌曲原创一定会加分（《感谢》《放心去飞》）
舞台剧《想说爱你不容易》（变色龙）
拍摄时：构图独特、光影唯美、技法多样
制作时：重特技，轻特效（切勿过度包装）
参赛时：片头、台标不重要

环节二：了解微电影的基本知识，掌握制作微电影的小窍门。

潘老师主讲微电影佳作的亮点所在，微电影剧本创作要点、创作角色冲突、创作表面张力、微电影蒙太奇表现形式、摄影设备、技法、后期基本制作剪辑以及微电影选送参赛评比规则等。潘老师讲述的内容可操作性强，是十足的“干货”。

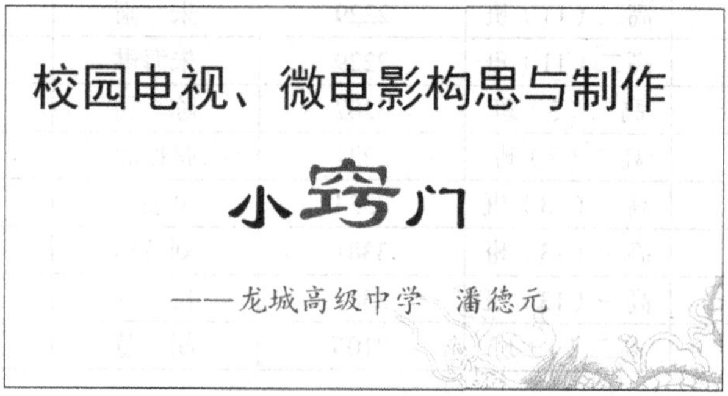
校园电视、微电影构思与制作
小窍门
——龙城高级中学　潘德元

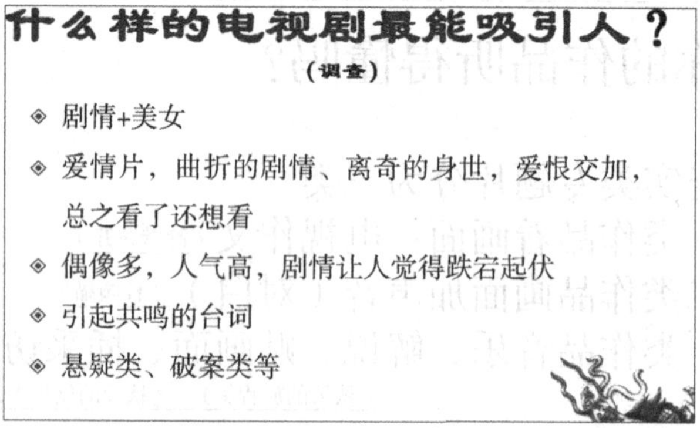
什么样的电视剧最能吸引人？
（调查）
◈ 剧情+美女
◈ 爱情片，曲折的剧情、离奇的身世，爱恨交加，总之看了还想看
◈ 偶像多，人气高，剧情让人觉得跌宕起伏
◈ 引起共鸣的台词
◈ 悬疑类、破案类等

创作过程中，你考虑过蒙太奇吗？

文学的叙事方式在影视创作中通过蒙太奇来实现。例如，叙事蒙太奇类似于文学中的叙事方式；表现蒙太奇类似文学中的修辞手法。

在电影的制作过程中，导演按照剧本或影片的主题思想，分别拍成许多镜头，然后再按原定的创作构思，把这些不同的镜头有机地、艺术地组织和剪辑在一起，使之产生连贯、对比、联想、衬托等联系以及快慢不同的节奏，从而有选择地组成一部反映一定的社会生活和思想感情、为广大观众所理解和喜爱的影片，这些构成形式与构成手段，就叫蒙太奇。蒙太奇就是影片的连接法，整部片子有结构，每一章、第一大段、每一小段也要有结构，在电影上，把这种连接的方法叫作蒙太奇。

◈ 校园新闻

拍摄时：用学生的视角看新闻。

撰稿时：用学生的口吻写新闻。

制作时：用快节奏的画面剪辑新闻。

[校新闻能否摒弃五个W，进行多元化创作（口述新闻）]

参赛时：用单条还是栏目？

（如果以栏目参赛：节目编排非常出色吗？主持形式非常新颖吗？主持人串词和表现都很特别吗？）

选题是否唯一？（新闻类，校园地震、火灾演习作品25条）

软件介绍

- EDIU非线性编辑软件专为广播和后期制作环境而设计。
- 工作流程提供了实时、多轨道、成色键、字幕和时间线输出功能。除了支持标准的EDIUS系列格式，还支持Infinity™ JPEG 2000、DVCPRO、P2、VariCam、Ikegami GigaFlash、MXF、XDCAM、SONY RAW、Canon RAW、RED R3D和XDCAM EX视频格式，同时支持所有DV、HDV摄像机和录像机。

活动剪影

微电影学习活动时学生在候场

刘伟主任分享影片欣赏

潘老师主讲微创作电影小技巧

学有所获

不定项选择题

1. 制作微电影的软件有________。

A. EDIUS　　B. 会声会影　　C. 爱剪辑　　D. Vegas

2. 微电影制作中，常用的主要工具有________。

A. DV　　B. 单反　　C. 手机　　D. 普通相机

3. 摄影时，镜头应保持________。

A. 稳定　　B. 晃动　　C. 震动　　D. 不动

活动效果反馈

微电影学习感想

高二（1）班　林佩芬

什么是脚本？脚本怎么写？什么是远景、近景和中景？我在刚开始接触这方面的知识时，内心有着许多疑惑。此前我从未了解过所谓的微电影，仅凭着满腔热情和兴趣，就进入了这个全新的领域。

因为时间冲突，我断断续续上过几次培训课后基本就与微电影断了联系，只知道简单的、基础的剪辑软件大概怎么操作，但是却错过了如何写脚本、剧本的课程，也没有见过设备。我本以为将与微电影再无瓜葛了，然而就在那天下午，突然我被老师告知该开拍了，被要求一个星期内完成。我当时并没有特别在意，又犯了拖延症，剧本改脚本就用了两天半的时间。噢，我的天呐！我可以完成吗？我开始怀疑自己，时间却容不得我拖延。尽管内心充满不确定，但是也该放开手脚开始做了！

大家都是一群非专业人员，不专业的导演，不专业的摄像师，不专业的演员，不专业的道具组，不专业的后期……想那么多不如干点实在的，脚本完成的当天下午，立刻就开拍了。正如所料，时间紧迫。

在拍摄的过程中也遇到许多困难。场景不容易找：有班里同学在自习的场景，却未必有同学愿意配合；有班主任训斥学生的戏份，却未必有老师愿意出镜；戏里冲突发生得不明显，笑场更是常态；拍摄的角度与方式也是问题……

趁着场地湿滑上不了体育课，我们在班里取景。在惨遭几位老师的拒绝后，我们终于征得一位老师的同意。无数次重拍，为了心目中最好的那个镜头。拍摄的角度与方式追求多样化，探索视角的改变是否更切合情境……

或许是抱着玩的心态，或许是抱着学习的心态，总算是磕磕绊绊地拍完了，为了不耽误学习，我们利用宝贵的大课间时间，中午的休息时间，下午放学后的时间，利用一切可以拍摄的时间，不仅为了赶进度，还为了不影响他人上课。其中过程固然辛苦，但没有人喊累，也没有人抱怨。随着最后一幕的拍摄结束，我们欢呼雀跃，是因为任务的圆满完成，更因为收获了一份成就感，这是我们大家共同努力的结果！

感谢有这样一个机会，让我学习新知识，认识新伙伴。

校园微电影创作比赛获奖感想

高二（11）班　佚 名

当听说获得特等奖的时候，我其实还是非常惊讶的。其实，我也没想到我们能做得这么好，特别是当我们拼尽全力去做一件事情的时候，感觉真得很好。我们做微电影的时候其实也遇到过许多的困难，但是我们一步一步逐个解决了所有遇到的难题。这样才成就了我们这样的微电影。不得不说，过程真的很难：一个星期每天挤出时间来拍电影，晚睡早起，时不时还要想想剧本和一些可能忽略的细节等。但是，我们最终还是做到了。我们奋力拼搏过的梦想，就这样实现了。

活动反思和总结

通过本次活动，使得参加微电影学习的学生对微电影有了全面而深刻的了解，并表现出了极大的兴趣，有基础的学生准备自己先着手拍摄，再请老师指导。很多学生认为通过微电影学习、拍摄、制作可以丰富校园生活，提升生活质量。

第二节　微电影拍摄制作

活动背景

在学校领导高度重视学生生活的情况下，为了提高学生生活素养，我校组织科研处、教务处、学生处积极开展生活素养好课程系列活动。微电影拍摄制作分享活动成为我校提升学生生活素养的重要组成部分。

活动目的

通过拍摄制作理论的学习，促使学生熟练掌握拍摄制作技巧并进行实际操作，为校园生活拍摄奠定基础，从而提升学生的生活能力，提高生活质量。

活动思路

邀请微电影专家潘老师讲解微电影拍摄制作理论、技巧，实际操作摄像机并进行拍摄，练习微电影短片拍摄与剪辑。

前期准备

1. 学生组织、场地准备、取景场地选择。

2. 拍摄设备准备，老师邀请、协调。

活动过程

环节一：掌握基本拍摄技巧、制作及剪辑软件的理论学习和使用。

1. 正确认识画面构图。在影像画面的构图中，有主体、陪体、前景、后景、环境等要素。构图处理得如何，取决于画面主体表现得是否成功，以及主体与陪体等的相互关系处理是否得当。

2. 正确处理逆光拍摄。逆光拍摄是摄影与摄像中的常见情况，拍摄背后有光源或背景明亮的主体，都属于逆光拍摄。在逆光的时候，与背景的亮度相比，被摄物体就显得比较暗。直接逆光拍摄会导致被摄对象显得太暗，容易形成阴影，背光太强则会造成主体曝光严重不足。

对于逆光拍摄的处理方法如下：

（1）使用逆光补偿功能。

（2）调整构图和光圈。

（3）利用辅助光。

（4）运用逆光拍摄出特殊的效果。

3. 加强拍摄的稳定性。电视画面强调稳定性并不是指排除镜头的移动变换，而是指镜头变换和画面显示时要确保画面稳定。当然，使用三脚架是最为理想的方式。如果摄像时不用三脚架，为了保证画面稳定，要注意以下两点：

（1）尽量使用变焦镜头的广角焦段拍摄，尽量减少长焦的使用。

（2）当使用摇镜头摄像时，要尽量保持水平移动，要尽量缓慢移动以保证画面稳定，否则会出现跳跃式的画面突变，易使观众产生厌烦感。

4. 视频剪辑软件的使用。视频剪辑软件的安装使用方法如下。

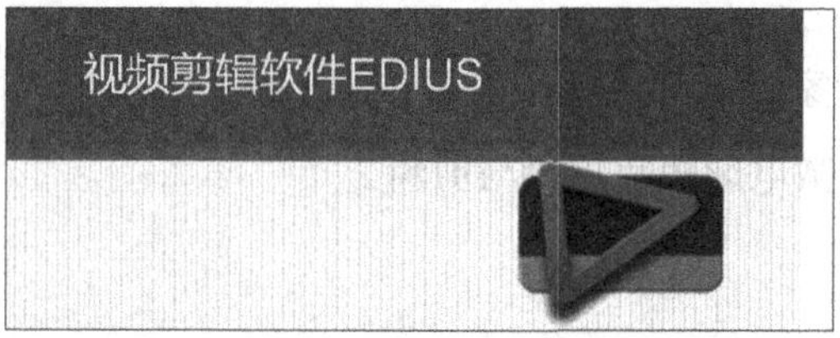

第一步 建立工程

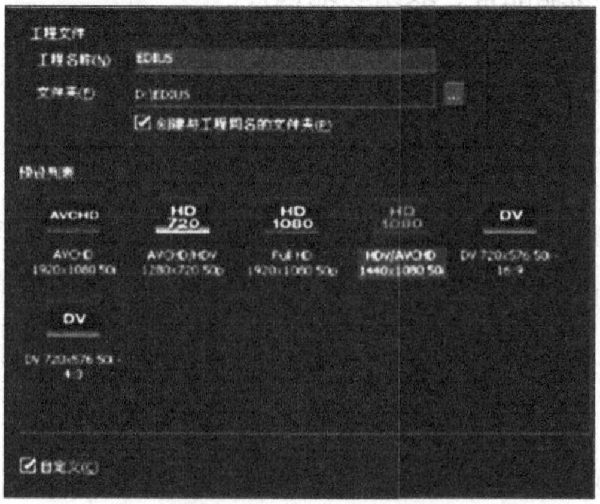

第二步 导入素材

你可以从素材库窗口导入保存在计算机中的文件，作为素材进行编辑。请按照以下步骤导入在“基本操作”一章中使用的素材。
单击[CTRL+O]。

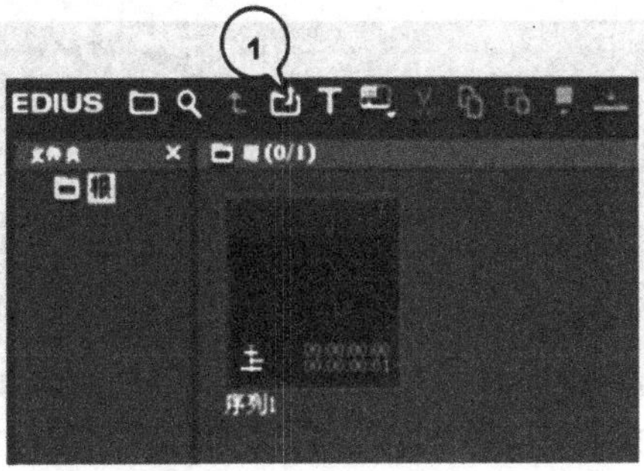

第三步 挑选素材放入时间轨

放置素材前先定位时间线指针，然后在素材库中选择要放置的素材。
1. 单击选中要放置在时间线上的素材。
2. 单击 [SHIFT+ENTER]

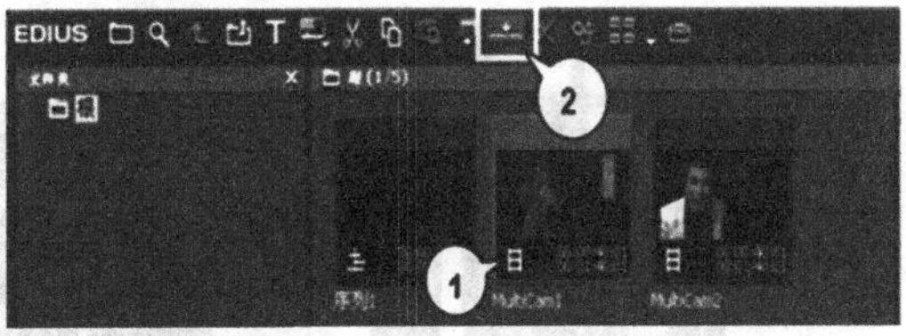

第四步 剪辑加工

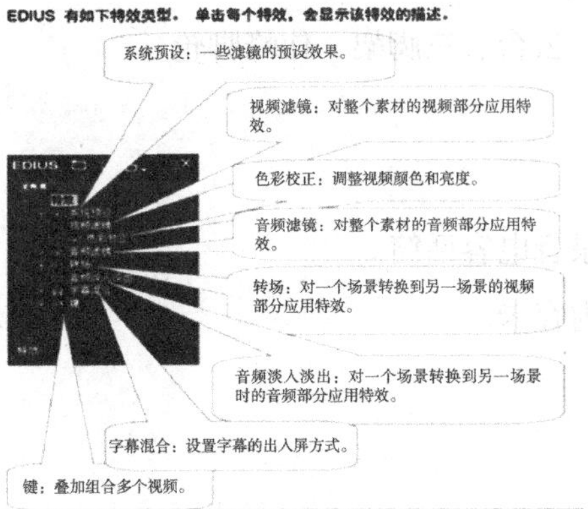

第五步 输出工程

1. 打开文件菜单。

2. 输出到文件。

3. 在出入点输出。

4. 选择格式为.mpeg。

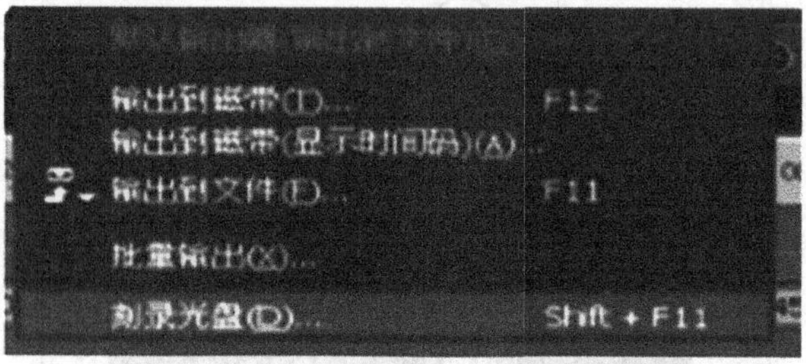

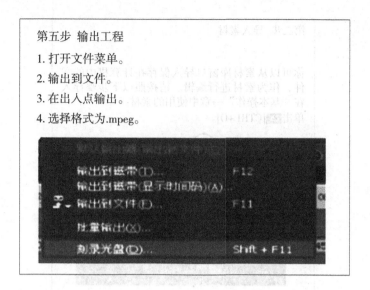

环节二：微电影拍摄的器材应用与实操。

1. 微电影拍摄器材。微电影拍摄器材主要包括录影机、DV摄像机、手机等相关设备。

2. 拍摄三脚架：云台、三脚架、伟峰脚轮。

3. 摇臂：2米。

4. 镜头配备。

5. 铁三角专业录音电容话筒。

6. 备用电池、内存卡。

7. 其他设备。

活动剪影

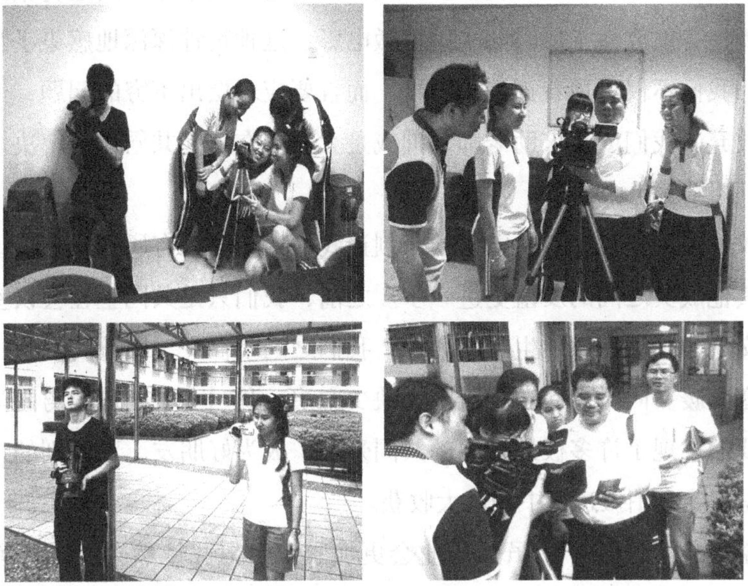

学习拍摄器材很开心

学有所获

不定项选择题

1. 拍摄微电影时，用________能保持镜头及画面稳定。

A. 三脚架　　B. 手　　C. 头　　D. 身体

2. 摄像时特写镜头的焦距要________。

A. 缩小焦距　　B. 放大焦距　　C. 不变　　D. 靠近一点

3. 手持DV摄像时，注意手要保持________。

A. 稳定　　B. 不抖动　　C. 震动　　D. 移动

活动效果反馈

微电影有感

高一（12）班　柯泽涛

在学校加入编辑部期间，我不仅成了小编委，更参与了三高微电影的录制。这无疑是一个提升自我综合能力的绝佳时机。期间由于义工培训而中途转手让别人拍摄，但我依然收获很多。我们主要是利用午休时间进行拍摄。大家都能毫无怨言地放弃午休时间来拍摄微电影，这种精神深深地感染了我。拍摄过程中，我们不仅要顶着正午的烈日，而且要应对层出不穷的问题，但是没有人轻言放弃。我们或是求助老师，抑或是大家围在一起共同讨论解决。这无疑说明了，团结就是力量!

不仅如此，通过这次微电影的录制让我的摄影技能有所提升，更让我同编辑部的其他成员之间的友谊更进一步。之前，我们只是共同坐在会议室内，很少参与交流，感觉有点陌生。而如今，我们之间不仅少了尴尬的气氛，还能在私下嘘寒问暖。同时，此次拍摄因为缺少主演，我叫上了同班的男同学。没想到因此我们发现了许多彼此之间的共同爱好，成为好朋友。不说别的，仅这份友谊便是我此次拍摄过程中的巨大收获。

下学期便是高二了，虽然学业会更加紧张，但我依然会尽量抓紧闲余时间，利用学校所开展的活动提升自我。

校园微电影创作比赛获奖感想

高一（1）班　佚 名

能够获奖，对于2316宿舍的一员，是鼓励，是荣耀，承载着我们的努力与汗水。拍摄DV的素材来自学校的每个角落。每一张照片都有我们成长的印记。虽然相逢、相识、相知已有大半年了，但一起争夺“五星宿舍”的“摸、爬、滚、打”的深刻记忆早已铭刻在我们的心中，正如视频留下的那句话“让时光静静地聆听我们的青春之歌”。岁月会流逝，但那份属于2316宿舍的集体的记忆，却会愈发浓厚，而我们的生活也会变得更加美好。

活动反思和总结

通过本次活动，使学生掌握了相应拍摄器材的使用要领和技巧，而且学生的拍摄水平得到了一定程度的提高。而学生从镜头中发现了大自然、校园、生活中的美，希望用自己的行动来记录他们的高中生活，并提升学生的综合素养。

第三节　微电影拍摄制作交流

活动背景

学校在开设生活素养好课程系列活动中，整合了校外资源，在提升学生个人生活素养的前提下，开展微电影拍摄制作交流活动，并与龙城高中对接友好交流，丰富了学生生活，提高了学生对微电影拍摄制作的技巧，更好地服务于生活。

活动目的

通过本次活动，不但提升了学生的拍摄技巧，使学生掌握了微电影制作的环境以及相应设备，并进行经验交流，而且提升了学生的个人综合素养。

活动思路

通过对接龙城高中成熟的微电影制作平台，学习其微电影制作环节、校园电视台运行流程等，让三高的学生进行更深层次的思考与学习，获得其个人能力的提升，从而激发学生进行目标规划。

前期准备

1. 联系对接龙城高中微电影社、沟通交流学习分享的时间与地点。
2. 组织学生、安排校车以及落实负责人。

活动过程

环节一：组织学生签到并进行活动前讲话。

1. 清点人数、签到。
2. 活动前讲话。要点：安全、交流学习时应注意的文明仪容与用语、个人学习要点大纲。

环节二：参观龙城高中校园电视台、微电影制作平台。

1. 潘老师介绍运行情况。

2. 学生交流。

3. 校园电视台、微电影制作设备参观。

环节三：交流学习活动结束合影。

1. 结束活动。

2. 活动合影。

活动剪影

龙城高中校园电视台

参观操作平台

体验直播间

交流学习

交流合影

学有所获

不定项选择题

1. 演播室通常有________装备。

A. 摄像机　　B. 电脑　　C. 灯饰　　D. 舞台

2. 与真实的舞台背景相比，演播室里的舞台背景具有________的特点。

A. 灵活多变　　B. 虚拟现实　　C. 炫酷　　D. 平淡无奇

3. 演播室的灯光色调一般有________。

A. 冷色调　　B. 中性色调　　C. 暖色调　　D. 无色调

活动效果反馈

人生没有捷径

高一（6）班　黄嘉雯

当我们对着电视哈哈大笑时，当我们一边吃着爆米花一边看着电影时，我们的烦恼和忧愁都随着剧情的发展渐渐消失，但我们不知道在这些光鲜亮丽的电影后面有人付出了多少辛勤的汗水。

通过参加这学期一系列的微电影活动，我真真切切地体会到了拍电影和拍电视剧的辛苦。剧中的明星看起来轻松，其实背后有着别人体会不到的劳累。我们首先要有剧本，这五分钟的微电影都耗费了我们大量的脑细胞，何况是两个小时的大电影，甚至几十集的电视剧。然后，就是演员、摄影师等各种角色的分配。最辛苦的当然是开拍的时候，在夏天我们为了剧情需要穿着大棉袄，被热出痱子，穿着短裤坐在粗糙的石头上，被刮花了脚，迎着自己的恐惧坐在布满各种昆虫的花花草草中。我真正体会到了表面光鲜亮丽的演员背后所付出的巨大努力，这也让我知道，每个人都一样，为了生活，大家都在努力着。我们为了这五分钟的电影，早上五点半起床，晚上十点结束，整整一天都在微电影的春夏秋冬中切换。第二部，第三部，虽然没有整天地拍，但抽出课余时间来拍，一部我们也用了一个星期。最后，最重要的当然是剪辑和配音，这同样要花费我们大量的时间和精力。所以，一部电影的完成绝不是简简单单的事，而是要投入很多人的心血。

每个人都有自己的梦想，或是成为一名摄影师，或是成为一名律师，每个职业都有各自的艰难与快乐。所以，人生没有捷径，脚踏实地地做好每一件事，一步一个脚印，梦里能到达的地方总有一天脚步也能到达。所以，为了自己的梦想，努力吧！机遇只留给有准备的人。

校园微电影创作比赛获奖感想

微电影是对我们宿舍生活的真实写照，增进了舍友间的友谊，是一次很有意义的活动。

——高二（18）班 2541宿舍

这次DV集结了我们宿舍成员的共同创意，是在我们共同努力下产生的美好记忆的结晶。我们都为这次的活动做出了不同程度的贡献，为此我感到无比的荣幸与骄傲。同时，我要感谢舍友们对我的信任，让我完成视频的剪辑和制作。我相信，尽管我们下学期可能会面临着分离的痛苦，我们也会像视频里那样，陪伴着彼此，一直到故事讲完。

——高一（5）班 2142宿舍

一部手机便可以完成我们的电影。在我们看来并不精美的微电影竟能得到认可，让我们在惊讶之余也感到高兴。我们的付出是有收获的，我们看到了生活的灿烂！

——高一（12） 2234宿舍

活动反思和总结

通过本次活动，开拓了学生制作微电影的视野，使学生对微电影的制作更加充满信心。同时，学生希望学校能多开展这种活动，提高学生的生活质量。

后记

随着社会主义核心价值观的丰富和完善，中学生核心素养的培养目标也明晰确定了。为了助力广大中学生的健康发展，提升新一代中学生的综合素养，特编写了这本关于中学生生活素养活动设计的读本。在编写过程中，我们得到了许多专家和同行的热情帮助和大力支持。在读本即将同广大读者见面时，感谢所有在本书编辑过程中提出修改意见、提供过帮助和支持的专家、学者、教师和社会各界同仁。同时，感谢即将阅读到本书的广大师生和各位家长，希望你们能够提出宝贵的建议，恳请读者批评、指正，对此，我们将深表感谢。